Poupées
en chiffon

Corinne Crasbercu

Poupées en chiffon

Photographies de Frédéric Lucano
Stylisme de Sonia Lucano et Vania Leroy-Thuillier
Texte de Dominique Montembault

MADE IN **MARABOUT**
100 % CRÉATEUR

Tout petite, j'ai passé des heures à habiller mes poupées et à jouer avec elles. Et puis très vite, dès que j'ai su, grâce à ma mère, à mon père (maître de l'ancienne Singer !) et à ma grand-mère, tricoter, broder et coudre, j'ai commencé à en fabriquer.

Inspirée par l'univers de Sarah Kay et de Beatrix Potter, je dénichais de vieux draps et des bouts de chiffon, des dentelles et des rubans au fond des malles du grenier pour créer mes poupées, et surtout leurs vêtements... des robes, des jupes, des petits hauts et plein de petits accessoires.

C'est ainsi qu'est née ma passion pour la couture, le vêtement et la mode, et que j'en ai fait mon métier !

Suivez-moi, et venez découvrir un monde où la magie de l'enfance opère toujours. Un monde à portée de main. À portée de vos mains !

Storage

FABRICATION DE LA POUPÉE

Toutes les poupées sont fabriquées à partir du même patron (pages 16-17). Les corps et les têtes sont identiques, seuls changent les expressions du visage et les cheveux. Suivez attentivement les explications ci-dessous puis reportez-vous au pages 9 à 14 pour réaliser les visages. Photocopiez les visages ou inspirez-vous des différents modèles pour créer votre propre poupée.

Fournitures

40 x 60 cm de drap ancien teint dans du thé
Ouate polyester

Épingles
Aiguilles à coudre et à broder
Fil à bâtir
Fil à coudre beige

PHOTOCOPIEZ à 140 % les différents éléments du patron de la poupée, et découpez-les. Faites le patron des bras et des jambes en double et en miroir.

ÉPINGLEZ tous ces éléments sur le tissu plié en deux, le milieu de chaque jambe placé le long de la pliure afin d'obtenir un seul morceau. Seuls le dos et le devant de la tête sont épinglés sur une seule épaisseur de tissu. Coupez tous ces éléments à 1 cm des patrons. Posez des épingles pour marquer les repères.

COMMENCEZ par réduire le dos de la tête. Froncez tout le haut de la tête entre les repères, de manière que le dos et le devant de la tête aient la même taille.

ASSEMBLEZ les deux demi-devants du corps par le milieu en faisant une piqûre à la machine, et fixez en haut le devant de la tête, au niveau du cou. Faites la même chose avec les deux demi-dos et le dos de la tête, mais en laissant une grande ouverture au milieu de la couture du dos. Positionnez l'un sur l'autre les deux morceaux que vous venez d'obtenir, endroit contre endroit, et faites une couture à la machine le long des côtés, des épaules, et tout autour de la tête, en laissant une ouverture à l'emplacement des bras. Retournez le corps de la poupée sur l'endroit.

PLACEZ l'un sur l'autre les deux morceaux de tissu qui forment les bras et faites une couture à la machine sur tout le tour, en laissant un côté ouvert. Retournez les bras et remplissez-les d'ouate.

ASSEMBLEZ les dessus de pied au bas des jambes, en respectant pied gauche et pied droit, et fermez les pinces. Pliez le tissu en deux endroit contre endroit, et faites une couture sur toute la hauteur. Fixez les dessous de pied aux dessus de pied par un fil de bâti, puis faites une couture à la machine. Retournez les jambes sur l'endroit et remplissez-les d'ouate (en veillant à ce qu'elles soient uniformément remplies). Glissez les jambes et les bras à leur place, dans les ouvertures laissées, et fixez-les au corps par une piqûre à la machine à l'intérieur du corps.

REMPLISSEZ d'ouate la tête de la poupée, puis le corps, et fermez la couture du dos à petits points invisibles.

Pour la Poupée ballerine et la petite Poupée fée, photocopiez les différentes pièces du patron à 120 %.

LA TÊTE BLONDE

Poupée rose (page 40) • Poupée câline (page 70)

Fournitures

1 peloton de coton vanille
1 échevette de Mouliné DMC 819 (rose poudre), 3031 (brun chocolat), 3771 (rose pêche), 3833 (rose pétale) et écru

Papier de soie
Ruban adhésif

RÉALISEZ onze écheveaux de 15 brins de coton vanille de 50 cm de long, et coupez-les à leurs extrémités. Disposez neuf écheveaux à plat côte à côte, sur 18 cm de large, et scotchez-les au milieu, dessus et dessous. Placez une bande de papier de soie sous le ruban adhésif, faites une piqûre à la machine par-dessus puis enlevez le papier et l'adhésif. Pliez en deux le long de la raie, ajustez ces cheveux sur la tête, à 1 cm en arrière de la couture, et cousez à petits points. Rabattez bien les cheveux dans le dos, sauf une petite mèche que vous laisserez pendre librement de chaque côté. Fixez les cheveux au dos de la tête en les cousant au point de piqûre, au niveau des oreilles.

DISPOSEZ à plat côte à côte les deux écheveaux restants, sur 6 cm de large, et scotchez-les au milieu, dessus et dessous, de façon à former une raie. Placez une bande de papier de soie sous cette raie, faites une piqûre à la machine par-dessus puis enlevez le papier. Placez ces cheveux sur le front de la poupée, en les faisant déborder de 1 cm environ sur l'arrière de la chevelure, et cousez-les sur la tête à petits points le long de la raie. Fixez les deux mèches de cheveux de chaque côté de la tête par quelques points au niveau des oreilles et attachez-les ensemble sur l'arrière de la tête avec un brin de coton.

BRODEZ les yeux au point de tige avec 2 brins de Mouliné DMC marron 3031. Commencez par le centre et brodez en rond jusqu'à la taille souhaitée. Pour leur donner de l'éclat, faites dans chaque œil un petit point de nœud en Mouliné DMC écru. La bouche est figurée par un arc de cercle brodé au point de tige, avec 2 brins de Mouliné DMC 3833. Le nez, juste au-dessus, est réalisé au point de poste, avec 2 brins de Mouliné DMC 819. Pour les joues, brodez deux ronds au passé plat, avec 2 brins de Mouliné DMC 3771, en espaçant les points.

LA TÊTE BRUNE

Poupée fleurs (page 26) • Poupée fée, grande (page 102)

Fournitures

Laine chocolat
2 x 15 cm de ruban en coton bleu
1 échevette de Mouliné DMC écru,
413 (gris orage), 3771 (rose pêche)
et 4200 (dégradé rouge-orange)

Papier de soie
Ruban adhésif

RÉALISEZ sept écheveaux de 12 brins de laine chocolat de 60 cm de long, et coupez-les à leurs extrémités. Faites aussi de la même manière un petit écheveau de 7 à 8 brins de laine chocolat de 10 cm de long.

POSEZ les grands écheveaux de laine à plat côte à côte et scotchez-les au milieu, dessus et dessous, de façon à former une raie. Placez une bande de papier de soie sous cette raie, faites une piqûre à la machine par-dessus puis enlevez le papier et l'adhésif.

FAITES la même opération pour le petit écheveau, qui servira à former la frange. Pliez cette frange en deux et cousez-la à la main à petits points en haut du front de la poupée. Posez la chevelure au-dessus, en centrant la raie et en faisant venir les cheveux sur la frange afin de masquer son départ. Fixez les cheveux à la tête en les cousant à petits points le long de la raie, puis tressez les cheveux en nattes, que vous attachez avec un morceau de ruban. Faites quelques points de laine chocolat de chaque côté de la tête, au niveau des pommettes, pour maintenir les nattes en place.

BRODEZ les yeux au point de tige avec 2 brins de Mouliné DMC 413. Commencez par le centre et brodez en rond jusqu'à la taille souhaitée. Pour leur donner de l'éclat, faites dans chaque œil un petit point de nœud en Mouliné DMC écru. La bouche est faite par un petit cercle brodé au passé plat, avec 2 brins de Mouliné DMC 4200. Le nez, juste au-dessus, est réalisé au point de poste, avec 2 brins de Mouliné DMC écru. Pour les joues, brodez deux ronds au passé plat, avec 2 brins de Mouliné DMC 3771, en espaçant les points.

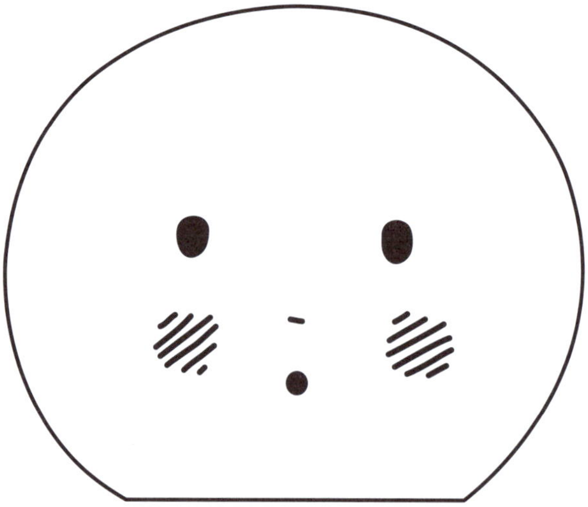

LA TÊTE ROUSSE

Poupée jean (page 20) • Poupée rouge (page 32) • Poupée étoiles (page 56) • Poupée bleue (page 78)

Fournitures

Laine marron roux
1 échevette de Mouliné DMC écru,
413 (gris orage), 4130 (dégradé roux) et 4200 (dégradé rouge-orange)

Papier de soie
Ruban adhésif

RÉALISEZ sept écheveaux de 12 brins de laine marron roux de 60 cm de long, et coupez-les à leurs extrémités. Faites aussi de la même manière un petit écheveau de 7 à 8 brins de laine marron roux de 10 cm de long.

POSEZ les grands écheveaux de laine à plat côte à côte et scotchez-les au milieu, dessus et dessous, de façon à former une raie. Placez une bande de papier de soie sous cette raie, faites une piqûre à la machine par-dessus puis enlevez le papier et l'adhésif.

FAITES la même opération pour le petit écheveau, qui servira à former la frange. Pliez cette frange en deux et cousez-la à la main à petits points en haut du front de la poupée. Posez la chevelure au-dessus, en centrant la raie et en faisant venir les cheveux sur la frange afin de masquer son départ. Fixez les cheveux à la tête en les cousant à petits points le long de la raie, puis nouez-les en couettes de chaque côté. Repliez ces couettes en deux et attachez-les avec un brin de laine marron roux, en les faisant bouffer sur le devant.

BRODEZ les yeux au point de tige avec 2 brins de Mouliné DMC 413. Commencez par le centre et brodez en rond jusqu'à la taille souhaitée. Pour leur donner de l'éclat, faites dans chaque œil un petit point de nœud en Mouliné DMC écru. Pour la bouche, brodez un petit cercle au passé plat, avec 2 brins de Mouliné DMC 4200. Le nez, juste au-dessus, est réalisé au point de poste, avec 2 brins de Mouliné DMC écru. Pour les joues, faites 5 points avant sur le pourtour d'un cercle de 1,5 cm de diamètre et 1 point au milieu avec 2 brins de 4130.

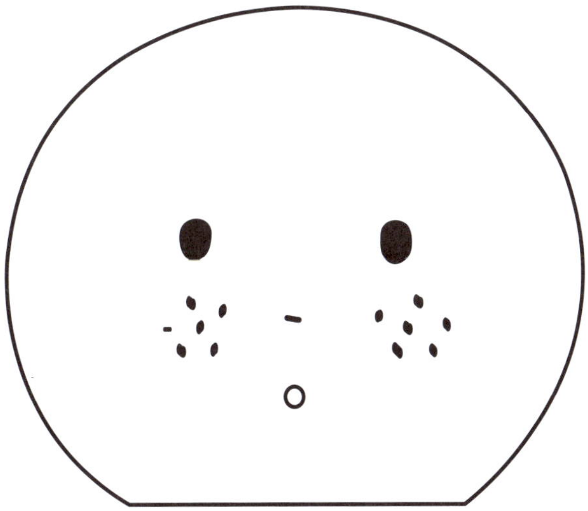

LA TÊTE AUBURN, BLOND CENDRÉ ET CAROTTE

Poupée mariée (page 48) • Poupée fraises (page 64) • Poupée pluie (page 94)

Fournitures

Mohair très fin marron (tête auburn), jaune très clair (tête blond cendré) ou orange (tête carotte)
1 échevette de Mouliné DMC 3705 (rose corail), 819 (rose poudre), 310 (noir), écru, 894 (rose bonbon) et 930 (bleu)

Aiguilles à tricoter n°s 7, 6,5 et 5,5
Crochet n° 3
Encre rose
Feutre fin

RÉALISEZ un bonnet pour accrocher les cheveux dessus. Avec les aiguilles n° 7 et le mohair, montez 47 mailles puis tricotez 3 cm en jersey avec les aiguilles n° 6,5. Commencez ensuite les diminutions sur chaque rang envers avec les aiguilles n° 5,5 :

• 1er rang de diminutions : 1 maille lisière, *3 mailles envers, 2 mailles ensemble*, répétez de * à * et terminez par 1 maille lisière. • 2e rang de diminutions : 1 maille lisière, *2 mailles envers, 2 mailles ensemble*, répétez de * à * et terminez par 1 maille lisière.

• 3e rang de diminutions : 1 maille lisière, *1 maille, 2 mailles ensemble*, répétez de * à * et terminez par 1 maille lisière. • 4e rang de diminutions : tricotez toutes les mailles 2 par 2 sur ce rang.

PASSEZ un fil dans les mailles restantes et serrez, puis pliez en deux et faites une couture pour fermer le côté. Pour un petit tour de tête (pour les petites poupées), montez 38 ou 42 mailles suivant la grosseur de la laine et procédez de la même manière.

FIXEZ le bonnet sur la tête de la poupée avec quelques petits points. Coupez des brins de laine d'environ 60 cm de longueur.

PLIEZ un brin de laine en deux. Piquez le crochet dans une maille du bonnet et faites ressortir sa pointe sur l'envers du bonnet. Attrapez la boucle du brin de laine et tirez pour la faire ressortir sur l'endroit du bonnet. Passez les extrémités du brin de laine dans la boucle et tirez pour le fixer sur le bonnet.

COMMENCEZ par fixer les brins du tour de la tête et continuez sur la partie centrale du bonnet pour créer une raie.

ACCROCHEZ ces brins de laine tous les 2 ou 3 rangs de façon harmonieuse, et recoupez les mèches trop longues et les brins de devant pour faire une frange ou des petits cheveux.

TAMPONNEZ les joues en rond avec l'encre rose.

BRODEZ, pour la poupée auburn, la bouche avec 2 brins de Mouliné DMC rose corail, les yeux au point de tige avec 2 brins de Mouliné DMC noir et finissez en réalisant le nez au au point de nœud avec 2 brins de Mouliné DMC rose poudre.

Pour les poupées blond cendré et carotte, brodez la bouche avec 2 brins de Mouliné DMC rose bonbon, les yeux au point de tige avec 2 brins de Mouliné DMC bleu et finissez en réalisant le nez au au point de nœud avec 2 brins de Mouliné DMC écru.

La tête blond cendré et la tête carotte se réalisent de la même manière. Pour la tête carotte, ajoutez sur les joues quelques taches de rousseur avec le feutre fin.

LA TÊTE ÉBÈNE

Poupée fée, petite (page 109)

Fournitures

Laine noire
1 échevette de Mouliné DMC 310 (noir)
écru et 894 (rose bonbon)

Papier de soie
Ruban adhésif

RÉALISEZ la chevelure de la tête noire comme celle de la tête blonde (voir page 11).

BRODEZ en suivant le dessin, les yeux avec 2 brins de Mouliné DMC noir, le nez au point de nœud avec 2 brins de Mouliné DMC rose vif et la bouche avec 2 brins de Mouliné DMC ivoire.

Tête auburn, blond cendré et carotte

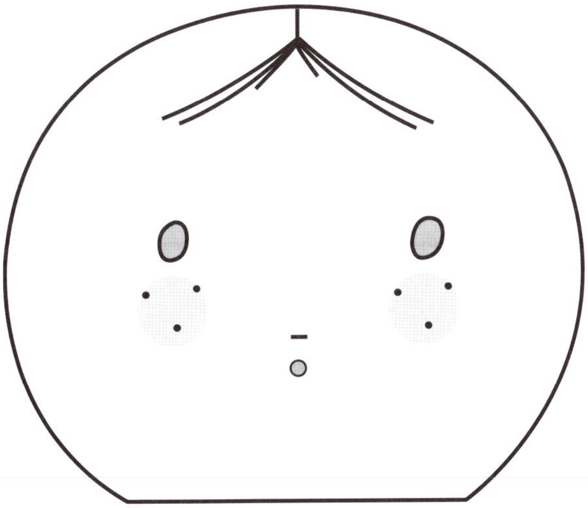

Tête ébène

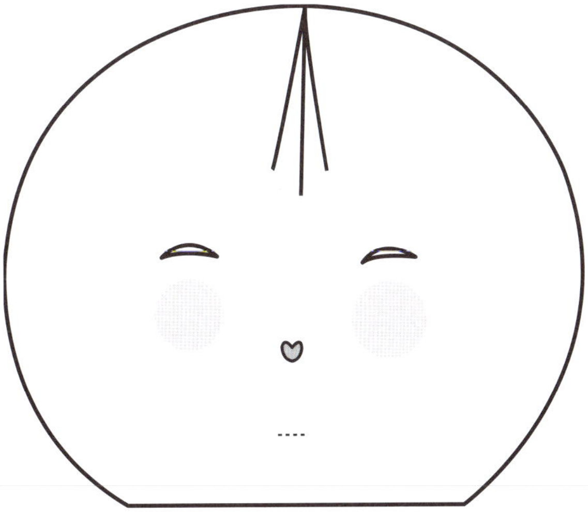

LA TÊTE EN VELOURS

Poupée ballerine (page 86)

Fournitures

15 x 40 cm de velours milleraies marron
(voir patron page 116)
1 échevette de Mouliné DMC 3031 (marron),
3326 (rose tendre) et 819 (rose poudre)

Chute de velours thermocolant
Encre rose

FAITES un rentré sur les longueurs et marquez-le légèrement au fer. Pliez ce rectangle en deux dans la longueur, endroit contre endroit, et cousez les extrémités.

RETOURNEZ sur l'endroit et faites une piqûre machine au milieu pour former une raie. Passez un fil de fronces sur le devant de cette raie, sur 4 cm, et froncez le tissu pour ramener sa largeur à 1,5 cm.

FIXEZ la bande en velours sur le devant de la tête, par quelques points à la main, en centrant au milieu du front, et faites quelques points au dos, en bas de la nuque.

PASSEZ un fil de fronces de chaque côté au niveau des oreilles, froncez le tissu et maintenez-le serré avec un morceau de coton à broder. Cousez ensemble les extrémités et accrochez-les sur la nuque.

TAMPONNEZ les joues en rond avec l'encre rose.

BRODEZ la bouche avec 2 brins de Mouliné DMC rose tendre, le nez au point de nœud avec 2 brins de Mouliné DMC rose poudre.

DÉCOUPEZ les yeux dans le velours thermocollant et fixez-les au fer.

LE PANTY

PHOTOCOPIEZ en double à 140 % le patron du demi-panty (page 117) et découpez ces deux morceaux. Pliez en deux du voile de coton, dans le sens du droit-fil,et épinglez dessus les deux pièces du patron, la grande longueur au ras de la pliure. Coupez le tissu en comptant 1 cm de marge pour les coutures et le rentré du haut et 2 cm pour l'ourlet du bas.

PLIEZ chaque demi-panty en deux, endroit contre endroit, et faites une piqûre le long des jambes pour les fermer. Épinglez les deux demi-pantys ensemble, endroit contre endroit, et piquez la couture de l'entrejambe. Surfilez ces coutures.

REPLIEZ la ceinture sur l'intérieur du panty, faites un petit rentré et piquez, en veillant à laisser une ouverture. Passez dans cette coulisse un morceau d'élastique plat de façon à ramener la taille à 23 cm et cousez solidement les deux extrémités ensemble.

RABATTEZ le bas des jambes sur l'intérieur, au niveau de la pliure. Faites un petit rentré et piquez-le sur tout le tour, en laissant une petite ouverture au niveau de la couture pour pouvoir passer l'élastique. Faites une seconde piqûre parallèle, à 0,7 cm, sur tout le tour. Passez dans chaque coulisse 10 cm d'élastique fin, et nouez les extrémités ensemble. Cousez au bas de chaque jambe un morceau de broderie anglaise festonnée, puis retournez le panty.

FAITES deux nœuds décoratifs dans du ruban en coton rose et cousez-en un sur l'extérieur de chaque jambe, au niveau de l'élastique. Cousez sur le milieu du devant, au niveau de la ceinture, un petit bouton cœur avec 2 brins de Mouliné rose.

LE TOP

PHOTOCOPIEZ en double à 140 % le patron du demi-dos et devant (page 116) et découpez ces deux morceaux. Pliez en deux du voile de coton, dans le sens du droit-fil, et épinglez dessus les deux pièces du patron, le milieu dos et le milieu devant au ras de la pliure. Coupez le tissu en comptant 1 cm de marge pour les coutures et le rentré du haut et 2 cm pour l'ourlet du bas. Marquez d'une épingle le repère des emmanchures.

ÉPINGLEZ les côtés jusqu'aux emmanchures, faites une piqûre puis terminez par un ourlet de chaque côté de ces emmanchures. Surfilez les coutures.

RABATTEZ le haut du dos sur 1 cm sur l'envers, faites un petit rentré et piquez pour réaliser une glissière. Passez un morceau d'élastique plat dedans pour ramener l'ampleur à 9 cm et fixez l'élastique de chaque côté par quelques points à la main.

PASSEZ un fil de fronces sur le haut du devant et froncez jusqu'à ce qu'il fasse 9 cm de large. Bâtissez sur ces fronces un morceau de dentelle en broderie anglaise festonnée et du biais, sur l'endroit du tissu. Faites une piqûre et surfilez les trois épaisseurs de tissu ensemble. Retournez le biais sur l'envers, rentrez ses côtés et fixez-les au devant du top par quelques points à la main.

COUPEZ deux bretelles de 10 cm de long dans de la dentelle à petits jours et cousez-les à petits points en haut du dos et du devant, à chaque extrémité, sur l'envers. Pour le devant, fixez-les sur la dentelle en broderie anglaise après avoir rentré les extrémités de celle-ci. Cousez sur le milieu du devant, sous la broderie, un petit bouton cœur, avec du Mouliné DMC rose. Terminez le top en faisant un ourlet en bas, que vous rebroderez sur l'endroit avec un point avant réalisé en Mouliné DMC rose.

PATRON DE LA POUPÉE

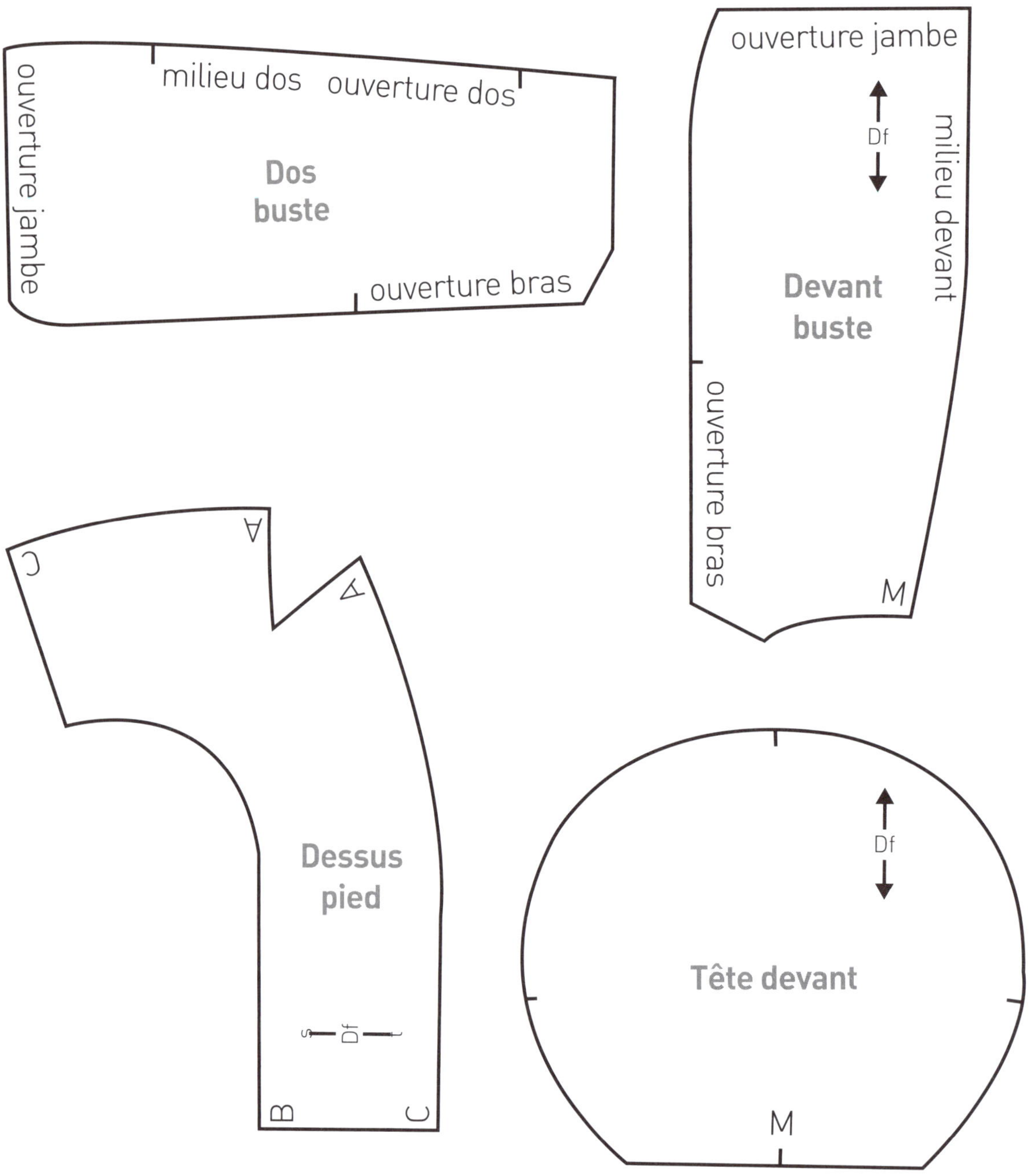

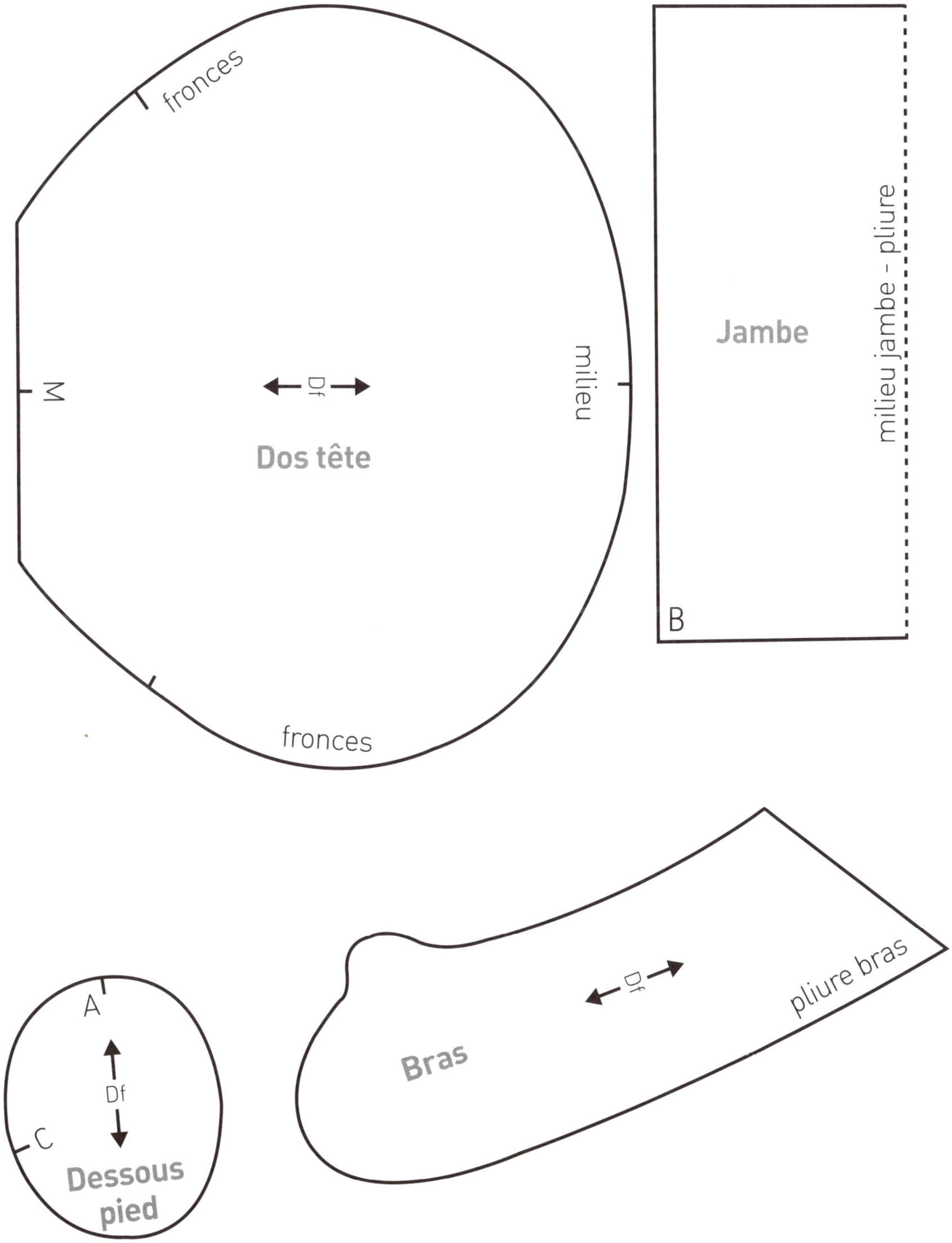
fronces
M
Df
milieu
Dos tête
fronces
Jambe
milieu jambe - pliure
B
Df
pliure bras
Bras
A
Df
C
Dessous
pied

POUPÉE JEAN

Fournitures

Le chemisier (patron p. 124)

1 fat quarter de coton beige à petites fleurs rouges
50 cm de croquet rouge
17 cm de biais rouge
1 petit bouton blanc à 4 trous
de 0,7 cm de diamètre
1 échevette de Mouliné DMC 304 (rouge)

Les bottes (patron p. 118-119)

40 x 20 cm de toile enduite
15 x 10 cm de feutrine rouge
20 cm de cordon blanc

La salopette (patron p. 120)

1 fat quarter de toile à rayures blanches et bleues
6 cm de cordonnet beige
2 boutons de jean
Chute de feutrine rouge

Le fichu

26 x 26 cm de coton rouge à carreaux
1 petit bouton blanc à 4 trous
de 0,7 cm de diamètre
1 échevette de Mouliné DMC 304 (rouge)

Matériel

Épingles
Aiguille à coudre et à broder
Fil à coudre beige, marron roux et rouge

Rag Doll

LE CHEMISIER

PHOTOCOPIEZ à 140 % les différents éléments du patron du chemisier, et découpez les pièces : deux demi-manches, un demi-dos et un demi-devant.

PLIEZ le tissu en deux dans le sens du droit-fil et épinglez dessus les morceaux du patron. Les demi-manches et le demi-devant sont disposés au ras de la pliure. Coupez le tissu en comptant 1 cm de marge pour les coutures et 2 cm pour les ourlets.

ASSEMBLEZ les deux demi-dos et le devant par les coutures des épaules, puis surfilez. Formez un pli creux de 1,5 cm sur le milieu de l'encolure et cousez-le sur l'envers sur 3 cm de hauteur. Montez les manches aux emmanchures, cousez-les, puis fermez les manches et les côtés. Surfilez toutes les coutures.

COUPEZ le biais en deux sur toute sa longueur et surfilez à la machine un des morceaux. Piquez le long de l'encolure, sur l'endroit du tissu, le croquet surmonté du biais surfilé, puis retournez le biais.

FAITES un ourlet dans le bas des manches et le bas du chemisier ainsi que un ourlet à chaque croisure du dos.

POSEZ un croquet sur chaque manche, à 0,5 cm du bas. Cousez avec 2 brins de Mouliné DMC rouge un bouton en haut de l'ouverture du dos. Faites une bride rouge en vis-à-vis.

LES BOTTES

PHOTOCOPIEZ à 140 % les différents éléments du patron et découpez-les : une semelle, un dessus et une tige. Pliez la toile enduite en deux et épinglez dessus la tige et le dessus de la botte. Pliez la feutrine en deux et épinglez dessus la semelle.

COUPEZ les pièces en ajoutant 1 cm de marge partout.

FERMEZ la pince devant des dessus, puis épinglez les dessus et les tiges, et piquez. Surpiquez à 0,1 cm de la couture.

PLIEZ un rentré en haut des tiges et piquez, puis fermez la couture dos des bottes. Assemblez aux semelles en faisant coïncider les repères dos et devant. Recoupez les semelles à 0,3 cm de la couture.

RÉALISEZ un nœud avec le cordon et le coudre au milieu devant.

RÉALISEZ la seconde botte de la même manière.

LA SALOPETTE

PHOTOCOPIEZ à 140 % les différents éléments du patron de la salopette et découpez les pièces : une demi-jambe devant, une demi-jambe dos, une bretelle, une poche de pantalon, une bavette et une poche poitrine. Pliez le tissu rayé en deux dans le sens du droit-fil et épinglez dessus les morceaux du patron. Seules la bavette et la petite poche sont épinglées sur le tissu en simple épaisseur. Coupez le tissu en comptant 1 cm de marge pour les coutures et 1,5 cm pour les ourlets.

FAITES un ourlet de 1 cm de large sur tout le tour de la bavette et surpiquez le haut et les côtés de deux piqûres espacées de 0,7 cm.

BÂTISSEZ un rentré sur le tour des poches et faites un ourlet de 1 cm de large aux ouvertures, surpiqué de deux piqûres espacées de 0,7 cm. Bâtissez les poches sur les demi-jambes devant du pantalon et sur la bavette, puis surpiquez. Faites un ourlet aux emmanchures du dos, puis assemblez les deux demi- dos par la couture du milieu et piquez. Faites un ourlet de 1 cm de large dans le haut du dos et surpiquez de deux piqûres espacées de 0,7 cm.

ÉPINGLEZ les demi-jambes du devant au niveau de la couture du milieu et piquez. Surfilez le haut du devant. Positionnez le bas de la bavette sur le haut du devant, et surpiquez le tout de deux piqûres espacées de 0,7 cm. Superposez le dos et le devant, endroit contre endroit, épinglez puis piquez les coutures des jambes et de l'entrejambe pour fermer le pantalon. Surfilez les coutures. Faites un ourlet au bas de chaque jambe. Retournez la salopette sur l'endroit. Retournez le tissu dans le bas des jambes sur 4 cm pour former un revers.

FAITES des ourlets sur tout le tour des bretelles, et fixez une de leurs extrémités au dos de la salopette. Repliez l'autre extrémité sur 4 cm, envers contre envers, et piquez à 1 cm de la pliure pour former une glissière. Passez à l'intérieur un petit morceau de cordonnet, et faites un nœud que vous cachez dans la glissière. Fixez deux boutons de jean en haut de la bavette, de chaque côté. Découpez un petit cœur rouge dans une chute de feutrine et cousez-le à petits points avant au milieu de la poche de poitrine, avec du fil beige.

LE FICHU

DÉCOUPEZ le carré de tissu en diagonale afin d'obtenir un triangle avec deux côtés de 26 cm pour faire le fichu. Faites un ourlet tout autour. Cousez avec 2 brins de Mouliné DMC rouge un petit bouton blanc à une des pointes sur l'envers du tissu. Faites une bride sur l'autre pointe en vis-à-vis, elle aussi sur l'envers du tissu.

POUPÉE FLEURS

Fournitures

La robe (patron p. 122)

1 fat quarter de tissu écru à fleurettes
60 cm de croquet prune et rouge
17 cm de biais écru
15 cm de ruban en coton rose de 1 cm de large
18 cm d'élastique fin
2 boutons-pression
1 petit bouton fleur

Les chaussures (patron p. 118)

15 x 35 cm de feutrine rouge
2 boutons de nacre à 4 trous
de 0,7 cm de diamètre
Velcro rouge

Le tablier (patron p. 123)

1 fat quarter de tissu rose à fleurettes
2 boutons cœurs en nacre
Une chute de popeline à rayures de 11 x 17 cm
Une chute de tissu à fleurs, de 4 x 4 cm
1 échevette de Mouliné DMC 3806 (rose)

Le sac (patron p. 121)

16 x 32 cm de coton à fleurs
2 anneaux en bois pour tringle à rideaux
30 cm de croquet rouge
1 bouton fleur à 2 trous de 1,5 cm de diamètre
1 échevette de Mouliné DMC 3806 (rose)

Matériel

Épingles
Aiguille à coudre et à broder
Fil à bâtir
Fil à coudre beige, rouge et rose
Ciseaux à cranter

LA ROBE

PHOTOCOPIEZ à 140 % les différents éléments du patron, et découpez-les : un demi-devant et un demi-dos pour le corsage, un demi-devant et un demi-dos pour la jupe, et une manche.

PLIEZ le tissu en deux et épinglez les patrons. Les demi-devants du corsage et de la jupe sont disposés au ras de la pliure. Coupez le tissu en comptant 1 cm de marge pour les coutures et 1,5 cm pour les ourlets. Marquez les repères par des épingles.

ASSEMBLEZ le devant et les deux demi-dos du corsage par les épaules et les coutures des côtés.

FRONCEZ le haut du devant de la jupe pour le ramener à la même largeur que le bas du corsage. Faites pareil pour les deux demi-dos de la jupe. Épinglez le corsage et la jupe en veillant à bien répartir les fronces, puis piquez. Fermez les côtés de la jupe par une couture. Surfilez.

SURFILEZ le bas des manches, puis passez un fil de fronces dans le haut, du repère A au repère B. Froncez, fermez les coutures des côtés et surfilez.

RETOURNEZ les manches sur l'endroit, montez-les sur le corsage en faisant correspondre les repères, puis piquez et surfilez. Retournez les manches sur l'envers, rabattez le tissu sur 2,5 cm, et piquez au bord du tissu sur tout le tour, en laissant une petite ouverture pour pouvoir passer l'élastique. Faites une seconde piqûre parallèle, à 0,5 cm, sur tout le tour. Passez dans chaque coulisse 9 cm d'élastique fin et nouez les extrémités ensemble.

COUPEZ le biais en deux dans sa longueur, et surfilez un des morceaux. Bâtissez autour de l'encolure, sur l'endroit du tissu, du croquet et le biais surfilé. Piquez ces trois épaisseurs ensemble puis retournez le biais. Piquez un ruban de croquet sur l'endroit de la robe, à cheval sur les fronces du dos et du devant.

FAITES un ourlet le long de la croisure des deux demi-dos et sur tout le fond de robe. Cousez deux boutons-pression dans le dos du corsage pour le fermer. Faites un nœud avec le ruban rose et cousez-le sur le croquet. Cousez un bouton fleur juste au-dessus, avec du fil rose.

LES CHAUSSURES

PHOTOCOPIEZ à 140 % les trois éléments et découpez-les. Pour le haut du dessus, utilisez des ciseaux à cranter. Épinglez les pièces du patron sur la feutrine puis coupez en laissant 0,7 cm de marge pour les coutures, sauf pour la bride et l'ouverture, que vous coupez à ras.

SURPIQUEZ l'ouverture, puis fermez le dessus de la chaussure par une couture. Ouvrez-la, bâtissez la semelle en faisant correspondre son milieu avec le milieu du dessus, puis piquez. Recoupez la feutrine à 0,3 cm de la couture et retournez la chaussure.

SURPIQUEZ le tour de la bride, et cousez-la à l'intérieur de la chaussure, à 2,5 cm de la couture du dos. Au bout de la bride, à l'intérieur, cousez un petit morceau de Velcro rouge. Fixez sur la bride, au-dessus du Velcro un petit bouton de nacre, avec du fil rouge. Cousez l'autre partie du Velcro sur la chaussure, elle aussi positionnée à 2,5 cm de la couture.

FABRIQUEZ la seconde chaussure de la même manière, à la seule différence que la position de la bride et du Velcro sont inversés.

LE TABLIER

PHOTOCOPIEZ à 140 % les différents éléments du patron et découpez-les. Épinglez le bas du tablier et la ceinture de devant sur le tissu à fleurettes en simple épaisseur ; le patron de la bavette, de la bretelle et de la ceinture du dos sont épinglés sur le tissu en double épaisseur. La poche est épinglée sur la popeline à rayures en double épaisseur. Découpez tous les éléments du tablier, en comptant 1 cm de marge pour les coutures et 1,5 cm pour les ourlets.

PLIEZ en deux les bretelles dans la longueur, endroit contre endroit, faites une piqûre sur deux côtés et retournez-les.

PLACEZ les deux morceaux de la bavette l'un sur l'autre, endroit contre endroit. Cousez les côtés. Glissez les deux bretelles entre ces deux morceaux de tissu. Piquez le haut de la bavette où arrivent les extrémités non fermées des bretelles. Retournez la bavette sur l'endroit.

OURLEZ le bas du grand rectangle et les deux côtés. Froncez la longueur non ourlée et ramenez-la à la longueur de la ceinture de devant en harmonisant les fronces. Posez la bavette sur l'envers et bâtissez-la au milieu des fronces. Faites un petit rentré sur une longueur de la ceinture de devant et bâtissez la ceinture, tissu envers contre envers. Surpiquez en prenant bien le bas de la bavette dans la piqûre. Pliez la ceinture en deux, faites un petit rentré sur le côté opposé et surpiquez sur le devant du tablier.

OURLEZ le tour des deux ceintures du dos, faites un pli à l'une de leurs extrémités et glissez-les dans une des ouvertures de la ceinture de devant. Faites un rentré à chaque extrémité de la ceinture du devant et fermez à petits points en prenant en même temps dans la couture la ceinture du dos. Cousez sur chaque ceinture l'extrémité d'une bretelle, à 6 cm de la bavette.

FAITES un ourlet le long de l'ouverture de chaque poche, et bâtissez un rentré sur tout le tour. Disposez les poches sur le tablier et surpiquez sur les rentrés.

BÂTISSEZ un rentré autour d'un petit morceau de tissu à fleurs, positionnez-le sur le tablier, à cheval sur une poche, et cousez-le à gros points avec 2 brins de Mouliné DMC rose. Pour terminer, cousez en haut de la bavette, sous chaque bretelle, un petit cœur blanc, avec du fil rose.

LE SAC

PHOTOCOPIEZ à 140 % le patron et découpez-le. Pliez le tissu en deux et épinglez dessus le patron, le bas du sac au ras de la pliure. Coupez le tissu en comptant 1 cm de marge, et posez des épingles pour marquer le début des ouvertures. Cousez deux rubans de croquet sur la largeur du tissu, sur l'endroit.

PLIEZ le tissu en deux, endroit contre endroit, et piquez les côtés jusqu'aux repères. Faites un ourlet de chaque côté des ouvertures jusqu'au haut du sac. Faites un rentré de 1 cm sur le haut du dos et du devant du sac et passez le tissu autour des anneaux. Épinglez, puis cousez tout du long juste sous l'anneau à grands points avant avec 3 brins de Mouliné DMC rose. Cousez sur le croquet un bouton fleur avec le Mouliné DMC rose.

POUPÉE ROUGE

POUPÉE ROUGE

Fournitures

Le chemisier (patron p. 124)

1 fat quarter de coton beige
à petites fleurs rouges
50 cm de croquet rouge
17 cm de biais rouge
1 petit bouton blanc à 4 trous
de 0,7 cm de diamètre
1 échevette de Mouliné DMC 304 (rouge)

Les chaussures (patron p. 118)

15 x 35 cm de feutrine rouge
2 boutons blancs de nacre à 4 trous
de 1 cm de diamètre
Velcro rouge

La jupe (patron p. 125)

1 fat quarter de coton à petits carreaux rouges
10 cm d'élastique plat de 1,2 cm de large
60 cm de croquet rouge
1 bouton en bois à 4 trous
de 1,2 cm de diamètre

Les cerises

2 échevettes de Mouliné DMC
304 (rouge) et 700 (vert)
50 cm de ruban en satin vert de 0,5 cm de large

La cape (patron p. 126)

40 x 60 cm de laine bouillie rouge foncé
1,40 m de galon rouge clair
1 peloton de laine rouge clair

Les barrettes cerises

2 petites barrettes pinces
50 cm de ruban en coton vert de 1 cm de large
2 boutons émaillés rouges
de 1,4 cm de diamètre
1 échevette de Mouliné DMC 304 (rouge)
et 700 (vert)

Les barrettes rouges

2 petites barrettes pinces
40 cm de ruban en coton rouge
de 0,7 cm de diamètre
Une petite chute de feutrine rouge

Matériel

Aiguille à coudre
Fil à bâtir
Fil à coudre rouge et vert
Ciseaux à cranter
Colle

LE CHEMISIER

PHOTOCOPIEZ à 140 % les différents éléments du patron du chemisier, et découpez les pièces : deux demi-manches, un demi-dos et un demi-devant.

PLIEZ le tissu en deux dans le sens du droit-fil et épinglez dessus les morceaux du patron. Les demi-manches et le demi-devant sont disposés au ras de la pliure. Coupez le tissu en comptant 1 cm de marge pour les coutures et 2 cm pour les ourlets.

ASSEMBLEZ les deux demi-dos et le devant par les coutures des épaules, puis surfilez. Formez un pli creux de 1,5 cm sur le milieu de l'encolure et cousez-le sur l'envers sur 3 cm de hauteur. Montez les manches aux emmanchures, cousez-les, puis fermez les manches et les côtés. Surfilez toutes les coutures.

COUPEZ le biais en deux sur toute sa longueur et surfilez à la machine un des morceaux. Bâtissez le long de l'encolure, sur l'endroit du tissu, le croquet surmonté du morceau de biais surfilé, piquez puis retournez le biais.

TERMINEZ les manches et le bas du chemisier par un ourlet, et faites aussi un ourlet à chaque croisure du dos.

POSEZ un croquet sur chaque manche, à 0,5 cm du bas. Cousez avec 2 brins de Mouliné DMC rouge un bouton en haut de l'ouverture du dos et faites une bride rouge en vis-à-vis.

LES CERISES

DIVISEZ chaque échevettes de Mouliné DMC en deux, et faites quatre pompons de 2 cm de diamètre.

COUPEZ le ruban en deux et faites un nœud à chaque extrémité des deux morceaux.

COUSEZ un pompon sur chaque nœud et nouez les rubans en faisant de jolies boucles.

LA JUPE

PHOTOCOPIEZ à 140 % les différents éléments de la jupe : un demi-dos, un demi-devant, la ceinture et deux demi-bretelles.

PLIEZ le tissu en deux dans le sens du droit-fil et épinglez dessus les morceaux du patron. Le demi-devant, le demi-dos et les demi-bretelles sont disposés au ras de la pliure. La ceinture est épinglée sur le tissu en simple épaisseur. Coupez le tissu en comptant 1 cm de marge pour les coutures et 2 cm pour les ourlets.

FRONCEZ le haut du devant de manière qu'il fasse la longueur de la ceinture. Assemblez le dos et le devant par les coutures des côtés.

PLIEZ la ceinture du dos en deux, envers contre envers, faites un petit rentré sur la longueur et piquez. Passez à l'intérieur un élastique de façon que le dos soit légèrement moins large que le devant et fixez l'élastique de chaque côté par quelques points.

PLIEZ en deux dans la longueur le rectangle de tissu pour la ceinture, envers contre envers, et glissez à l'intérieur le haut du devant. Faites ensuite un petit rentré sur chaque longueur et piquez toutes les épaisseurs ensemble. Glissez les extrémités de cette ceinture dans les ouvertures de la ceinture du dos et fermez chaque côté par une piqûre machine.

PLIEZ les bretelles en deux dans la longueur, endroit contre endroit, et faites une couture tout du long. Retournez les bretelles, faites un petit rentré à chaque extrémité et fermez à petits points à la main. Fixez les bretelles en V au milieu de la ceinture du dos et du devant. Cousez avec du fil rouge un petit bouton en bois sur les bretelles du devant, au niveau de la ceinture.

FAITES un ourlet au bas de la jupe et cousez un croquet rouge sur tout le tour, à 2,5 cm du bas.

LES CHAUSSURES

PHOTOCOPIEZ à 140 % les trois éléments du patron d'une chaussure et découpez les morceaux. Pour le haut du dessus de la chaussure, utilisez des ciseaux à cranter. Épinglez les pièces du patron sur la feutrine puis coupez le tissu, en laissant 0,7 cm de marge pour les coutures, sauf pour la bride et l'ouverture, que vous coupez à ras.

SURPIQUEZ l'ouverture, puis fermez le dessus de la chaussure par une couture. Ouvrez la couture, bâtissez la semelle en faisant correspondre son milieu avec le milieu du dessus, puis piquez à la machine. Recoupez la feutrine à 0,3 cm de la couture et retournez la chaussure.

SURPIQUEZ le tour de la bride, et cousez-la à l'intérieur de la chaussure, à 2,5 cm de la couture du dos. Au bout de la bride, à l'intérieur, cousez un petit morceau de Velcro rouge et fixez par-dessus un petit bouton de nacre décoratif, avec du fil rouge. Cousez l'autre partie du Velcro sur la chaussure, elle aussi positionnée à 2,5 cm de la couture.

FABRIQUEZ la seconde chaussure de la même manière, à la seule différence que la bride et le Velcro sont inversés.

LA CAPE

PHOTOCOPIEZ à 140 % les différents éléments de la cape : deux demi-devants, un demi-dos et une demi capuche.

PLIEZ la laine bouillie en deux dans le sens du droit-fil et épinglez dessus les morceaux du patron. Le demi-dos et la demi-capuche sont disposés au ras de la pliure. Les demi-devants sont épinglés sur le tissu simple. Il n'y a pas d'ourlets, le tissu est coupé au ras des patrons, il faut juste compter 1 cm de plus pour les coutures.

PLIEZ la capuche en deux et fermez-la en piquant la couture arrière. Marquez les repères A avec des épingles. Assemblez le dos et les devants par les coutures des côtés. Bâtissez la capuche à l'encolure en faisant coïncider les repères avec les coutures des épaules, puis piquez à la machine. Bâtissez puis cousez un galon rouge sur tout le tour de la cape et de la capuche.

FAITES avec la laine rouge trois petits pompons de 3 cm de diamètre, deux cordelières de 22 cm de long et une cordelière de 8 cm de long. Cousez un pompon à une extrémité de chacune de ces cordelières.

ATTACHEZ la petite cordelière à la pointe de la capuche, les deux autres en haut de chaque devant, à la jonction avec la capuche. Pour fermer la cape, faites une boucle avec ces cordelières.

LES BARRETTES CERISES

COUPEZ le ruban en deux et faites deux nœuds décoratifs avec. Cousez un bouton rouge au milieu de chaque nœud, avec 2 brins de Mouliné DMC rouge (304).

FIXEZ les nœuds sur les barrettes avec le Mouliné DMC vert (700).

LES BARRETTES ROUGES

DÉCOUPEZ avec des ciseaux à cranter deux rectangles de feutrine de la taille des barrettes. Coupez le ruban en deux et faites un nœud décoratif avec chaque morceau.

COUSEZ un nœud au centre de chaque rectangle puis collez les morceaux de feutrine sur les barrettes.

POUPÉE ROSE

Fournitures

La robe (patron p. 127)

1 fat quarter de coton imprimé à fond rose
50 cm de biais rose
15 cm de galon à fleurs beige
2 boutons-pression

Le bloomer (patron p. 117)

1 fat quarter de coton à carreaux beiges
50 cm de croquet beige
15 cm de ruban rose en satin de 0,5 cm de large
23 cm d'élastique plat de 0,5 cm de large
20 cm d'élastique fin

Les chaussures (patron p. 118)

15 x 35 cm de feutrine rose
20 cm de ruban en coton rose de 1 cm de large
2 boutons blancs de nacre de 1 cm de diamètre
Velcro rose

La charlotte (patron p. 128)

1 fat quarter de popeline à pois
80 cm de ruban en coton beige de 1 cm de large
11 cm d'élastique plat de 0,3 cm de large
2 fleurs brodées beiges

Matériel

Aiguille à coudre
Fil à bâtir
Épingles
Fil à coudre beige, rose et jaune
Ciseaux à cranter

LA ROBE

PHOTOCOPIEZ à 140 % les différents éléments du patron, et découpez-les : un demi-devant et un demi-dos pour le corsage, un demi-devant et un demi-dos pour la jupe.

PLIEZ le tissu en deux dans le sens du droit-fil et épinglez dessus les morceaux du patron. Les demi-devants du corsage et de la jupe sont disposés au ras de la pliure. Coupez le tissu en comptant 1 cm de marge pour les coutures et 1,5 cm pour les ourlets.

COMMENCEZ par le corsage. Assemblez le devant et les deux demi-dos par les coutures des épaules, puis surfilez les coutures. Piquez sur l'endroit du tissu un petit biais le long de l'encolure et des emmanchures, puis retournez-le sur l'envers et maintenez-le par une surpiqûre.

FRONCEZ le haut du devant de la jupe pour le ramener à la même largeur que le bas du corsage. Faites pareil pour les deux demi-dos de la jupe. Épinglez ensemble le corsage et la jupe en veillant à bien répartir les fronces, puis piquez et surfilez les coutures. Fermez les côtés par une couture et surfilez. Faites un ourlet le long de la croisure des deux-demi-dos et sur tout le fond de robe. Cousez deux boutons-pression dans le dos du corsage pour le fermer. Cousez sur le devant de la robe un galon à fleurs, sur la couture entre la jupe et l'empiècement.

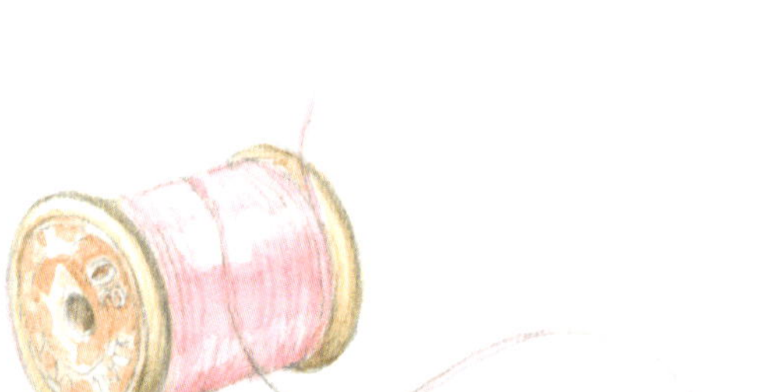

LE BLOOMER

PHOTOCOPIEZ en double à 140 % le patron du demi-bloomer et découpez ces deux morceaux. Pliez en deux le voile de coton, dans le sens du droit-fil, et épinglez dessus les deux pièces du patron, la grande longueur au ras de la pliure. Coupez le tissu en comptant 1 cm de marge pour les coutures et le rentré du haut et 2 cm pour l'ourlet du bas.

PLIEZ chaque demi-bloomer en deux, endroit contre endroit, et faites une piqûre le long des jambes pour les fermer. Épinglez les deux demi-bloomers ensemble, endroit contre endroit, et piquez la couture de l'entre-jambe. Surfilez ces coutures.

REPLIEZ la ceinture sur l'intérieur du bloomer, faites un petit rentré et piquez, en veillant à laisser une ouverture. Passez dans cette coulisse un morceau d'élastique plat de façon à ramener la taille à 23 cm et cousez solidement les deux extrémités ensemble.

RETOURNEZ sur l'endroit et piquez un morceau de croquet à 5 cm du bas de chaque jambe, sur tout le tour. Retournez sur l'envers, rabattez le tissu sur l'intérieur le long de la piqûre de façon à laisser dépasser le croquet. Faites un petit rentré et piquez-le sur tout le tour, en laissant une petite ouverture au niveau de la couture pour pouvoir passer l'élastique. Faites une seconde piqûre parallèle, à 0,7 cm, sur tout le tour. Passez dans chaque coulisse 10 cm d'élastique fin, et nouez les extrémités ensemble. Remettez le bloomer à l'endroit, faites un nœud décoratif avec le ruban rose et fixez-le sur le devant, au niveau de la ceinture.

LES CHAUSSURES

PHOTOCOPIEZ à 140 % les trois éléments du patron d'une chaussure et découpez les morceaux. Épinglez les pièces du patron sur la feutrine puis coupez le tissu, en laissant 0,7 cm de marge pour les coutures, sauf pour la bride et l'ouverture, que vous coupez à ras.

SURPIQUEZ l'ouverture, puis fermez le dessus de la chaussure par une couture. Ouvrez la couture, bâtissez la semelle en faisant correspondre son milieu avec le milieu du dessus, puis piquez à la machine. Recoupez la feutrine à 0,3 cm de la couture et retournez la chaussure.

SURPIQUEZ le tour de la bride, et cousez cette dernière à l'intérieur de la chaussure, à 2,5 cm de la couture du dos. Au bout de la bride, à l'intérieur, cousez un petit morceau de Velcro rose. Cousez l'autre partie du Velcro sur la chaussure, elle aussi à 2,5 cm de la couture. Faites un nœud décoratif avec 10 cm de ruban en coton rose de 1 cm de large et cousez-le sur le milieu devant de la chaussure, juste sous la couture du haut, en fixant un petit bouton de nacre blanc par-dessus.

FABRIQUEZ la seconde chaussure de la même manière, à la seule différence que la bride et le Velcro sont inversés.

LA CHARLOTTE

PHOTOCOPIEZ à 140 % les éléments du patron et découpez-les : un demi-fond, un demi-tour de tête et deux demi-visières. Pliez le tissu en deux et épinglez les éléments dessus, tous au ras de la pliure. Découpez tous les morceaux, en comptant 1 cm de marge pour les coutures et 1,5 cm pour les ourlets.

POSEZ deux épingles sur le tour de tête pour délimiter l'emplacement de l'élastique. Pliez le tissu en deux, endroit contre endroit, et piquez la couture du milieu dos. Faites un ourlet entre les épingles et laissez les côtés ouverts. Glissez un élastique plat à l'intérieur de l'ourlet de manière que l'ampleur soit ramenée à 11 cm et cousez l'élastique au tissu de chaque côté.

POSEZ les deux morceaux de la visière l'un sur l'autre, endroit contre endroit, piquez la bordure extérieure et retournez. Froncez le tissu du tour de tête d'une extrémité de l'élastique à l'autre et glissez-le dans le côté ouvert de la visière. Faites un rentré sur chaque morceau de la visière, bâtissez avec le tour de tête et surpiquez les trois épaisseurs de tissu ensemble. Froncez l'autre côté du tour de tête, épinglez-le au fond de la charlotte, puis piquez et surfilez.

COUSEZ à petits points un ruban beige de 80 cm de long sur la piqûre entre la visière et le tour de tête et fixez une petite fleur de chaque côté au départ de la visière.

Une lettre de l'illustre romancière, retrouvée au mois de mai
rnier dans les archives de sa petite-fille, Madame Aurore Sand,
ojette une lumière précise sur le vif désir qu'éprouvait alors
dame de Nohant de changer le décor de son prochain roman
tée du 5 septembre 1869, elle est adressée à Edmond Plauchu
séjournait à ce moment là chez un ami belge, Monsieu
arles Cumont, châtelain de Wanlin-sur-Lesse.
(1) Voir N° 77 de La Grive (avril 1953) : George Sand et les
ennes, 1, rue Saint-Louis, Mézières (Ardennes) et Reflets du Tou
ne (avril-mai 1953) : Malgrétout ou George San
la Loi, Bruxelles.
Heureusement, le roi avait sur lui au
moins cent ducats (pièce hollandaise de la
valeur de douze francs), et ils ne lui furent
pas inutiles dans cette circonstance. Il était
dans la plus grande inquiétude sur le sort du
général Steinpflicht, et vers le soir il desce
dit dans la chambre du rez-de-chaussée p
s'informer de ce qu'il était devenu. Il
que le général l'attendait sur la Vi

POUPÉE MARIÉE

Fournitures

La robe (patron p. 129)

75 x 24 cm de popeline ivoire
80 x 25 cm de dentelle ivoire
16 x 20 cm de soie ivoire
1 cœur en dentelle (ou autre motif)
90 cm de dentelle ivoire de 0,5 cm de large
20 cm de cordon en satin ivoire
4 petits boutons boules de nacre
34 cm d'élastique plat de 0,3 cm de large

Le jupon

2 rectangles de tulle ivoire fin
de 102 x 24,5 cm
26 cm de gros-grain ivoire élastique
de 1,5 cm de large

Le voile (patron p. 121)

80 x 35 cm de tulle ivoire fin
38 cm de gros-grain ivoire de 2 cm de large
1 grande fleur
4 petites fleurs en velours
Chute de dentelle
Perles nacrées et perles de rocaille
1 petit bouton-pression transparent

Les ballerines (patron p. 119)

35 x 10 cm de soie ivoire
35 x 10 cm de voile thermocollant
30 cm de cordon en satin ivoire

Le bouquet

4 feuilles en velours de différents tons de vert
Une dizaine de fleurs en tissu
et en velours blanches et roses
20 x 5 cm de tulle fin ivoire
50 cm de ruban en satin ivoire de 0,5 cm de large

Le matériel

Épingles
Aiguilles à coudre
Fil à bâtir
Fil à coudre blanc

LA ROBE

PHOTOCOPIEZ à 140 % les différents éléments du patron et découpez-les : un demi-dos, un demi-devant et une manche pour le corsage de la robe.

COUPEZ pour la jupe un rectangle de 57 x 24 cm dans la popeline. Pliez le reste de tissu en deux dans le sens du droit-fil et épinglez dessus le demi-dos et le demi-devant, ce dernier patron au ras de la pliure. Coupez le tissu en comptant 1 cm de marge pour les coutures et l'encolure. Coupez ensuite de la même manière un devant et deux demi-dos dans la soie pour la doublure.

COUPEZ un rectangle de dentelle de 57 x 24 cm pour la jupe, pliez le reste de la dentelle en deux, épinglez dessus le patron des manches et coupez en comptant 1 cm de marge partout. Faites un double rentré en haut et en bas des manches et piquez de manière à former deux glissières. Passez 6 cm d'élastique plat dans la glissière du haut, et fixez-le de chaque côté dans les marges de couture. Faites de même en bas avec un élastique de 11 cm.

ASSEMBLEZ les manches aux emmanchures du dos et du devant du corsage, et rabattez les marges de couture vers le corsage. Épinglez la doublure sur le devant et le dos, endroit contre endroit, et piquez le long de l'encolure et de l'ouverture du dos.

RETOURNEZ sur l'endroit et repassez, puis cousez le cœur sur le devant du corsage. Piquez ensuite les côtés du corsage et le dessous des manches.

ASSEMBLEZ les côtés de la doublure. Bâtissez des rentrés sur la doublure au niveau des emmanchures et cousez-les à la main sur la popeline. Surfilez la taille.

PLIEZ en deux le rectangle en popeline pour la jupe, endroit contre endroit, et piquez en laissant une ouverture de 5 cm en haut. Faites pareil avec la dentelle. Surfilez les deux côtés des ouvertures et repassez-les pour les rabattre sur l'envers.

SUPERPOSEZ les deux jupes et bâtissez-les ensemble. Passez un fil de fronces en haut sur les deux épaisseurs et ramenez le tour de taille de la jupe à celui du corsage. Bâtissez ensemble le corsage et la jupe et piquez. Rabattez la doublure du corsage sur le haut des fronces et piquez. Fixez le cordon en satin sur un côté du dos pour faire 4 brides et cousez les boutons en vis-à-vis.

COUSEZ à la main une petite dentelle sur la taille de la jupe. Faites un ourlet en bas de la jupe en popeline et cousez une petite dentelle. Faites ensuite un ourlet à la jupe en dentelle.

LE JUPON

SUPERPOSEZ les deux rectangles de tulle et passez un fil de fronces en haut pour ramener la taille à 30 cm.

ÉPINGLEZ le gros-grain à la taille, en l'étirant, et cousez-le au point zigzag. Pliez le jupon en deux, endroit contre endroit, et piquez pour fermer le jupon.

LE VOILE

PHOTOCOPIEZ à 200 % le patron du voile et découpez-le.

PLIEZ le tulle en deux et épinglez le patron dessus. Découpez au ras du patron.

FRONCEZ le haut du voile et ramenez sa largeur à 6 cm. Faites un rentré de 0,5 cm aux extrémités du gros-grain et piquez.

PLIEZ le gros-grain en deux dans le sens de la longueur, glissez le haut du voile entre les deux épaisseurs de gros-grain, en le centrant bien, et piquez le gros-grain sur toute sa longueur.

COUSEZ la grande fleur au centre, surmontée d'une perle nacrée, entourée de deux fleurs en velours, de perles nacrées et de perles de rocaille.

DÉCOUPEZ deux motifs dans la dentelle et cousez-les de chaque côté de la grande fleur sur le serre-tête.

COUSEZ le bouton-pression aux extrémités du gros-grain.

LES BALLERINES

PHOTOCOPIEZ à 140 % les deux éléments du patron d'une ballerine et découpez-les. Épinglez les pièces sur la soie ivoire puis coupez le tissu, en comptant partout une marge de 0,7 cm.

REPASSEZ du voile thermocollant au dos de chaque pièce et recoupez en suivant les contours. Faites un rentré en haut du dessus des ballerines et piquez.

FERMEZ le dessus de la ballerine par une couture. Ouvrez la couture, bâtissez la semelle en faisant correspondre son milieu avec le milieu du dessus, puis piquez à la machine. Recoupez la soie à 0,3 cm de la couture et retournez la ballerine.

FABRIQUEZ la seconde ballerine de la même manière.

RÉALISEZ deux nœuds avec le cordon en satin et fixez-les sur le devant des ballerines, au milieu.

LE BOUQUET

ENTOUREZ les fleurs avec les feuilles, puis enroulez la bande de tulle autour des tiges.

NOUEZ le ruban en satin pour maintenir le bouquet et faites un joli nœud.

POUPÉE ÉTOILES

Fournitures

La robe (patron p. 124)

1 fat quarter de coton beige à imprimé étoiles
17 cm de biais beige
55 cm de croquet beige
1 petit bouton de nacre blanc à 2 trous de 0,7 cm de diamètre

Le tablier (patron p. 130)

30 x 30 cm de coton bleu fantaisie
15 x 35 cm de coton bleu rayé assorti
2 x 9 cm d'élastique plat de 0,5 cm de large
2 petits boutons cœurs en bois
Deux petites chutes de tissu rayé, de 9 x 9 cm de côté
1 échevette de Mouliné DMC 321 (rouge) et 822 (beige)

Les chaussures (patron p. 118)

15 x 35 cm de feutrine marron
2 boutons en bois à 4 trous de 1 cm de large
Velcro marron

Matériel

Épingles
Aiguilles à coudre et à broder
Fil à coudre blanc, bleu et marron

Quest for a Cure

LA ROBE

PHOTOCOPIEZ à 140 % les éléments du patron de la robe, et découpez les différentes pièces : deux demi-manches, un demi-dos et un demi-devant.

PLIEZ le tissu en deux dans le sens du droit-fil et épinglez dessus les morceaux du patron. Les demi-manches et le demi-devant sont disposés au ras de la pliure. Coupez le tissu en comptant 1 cm de marge pour les coutures et 2 cm pour les ourlets.

ASSEMBLEZ les deux demi-dos et le devant par les coutures des épaules, puis surfilez. Formez un pli creux de 1,5 cm sur le milieu de l'encolure et cousez-le sur l'envers sur 3 cm de hauteur.

MONTEZ les manches aux emmanchures, cousez-les, puis fermez les manches et les côtés. Assemblez les deux demi-dos par une couture, en laissant en haut une ouverture de 10 cm, autour de laquelle vous faites un ourlet de 1 cm. Surfilez toutes les coutures.

COUPEZ le biais en deux sur toute sa longueur et surfilez à la machine un des morceaux. Cousez ce morceau de biais autour de l'encolure, sur l'endroit du tissu, retournez-le puis piquez à la machine au ras de l'encolure et de chaque côté, après avoir fait un petit rentré.

TERMINEZ les manches et le fond de robe par un ourlet, puis cousez le croquet au bas de ce dernier, sur l'envers, en le faisant légèrement dépasser. Cousez un petit bouton blanc en haut de l'ouverture du dos, et réalisez une bride en vis-à-vis.

LE TABLIER

PHOTOCOPIEZ à 140 % les éléments du patron du tablier, et découpez-les : un demi-dos et un demi-devant. Pliez en deux le coton bleu fantaisie, dans le sens du droit-fil, et épinglez dessus les deux pièces du patron, au ras de la pliure. Coupez le tissu en comptant 1 cm de marge pour les coutures et 2 cm pour les ourlets.

RELEVEZ de la même façon les patrons des bretelles (un morceau) et des volants (deux morceaux). Pliez le tissu en deux et épinglez dessus le patron des bretelles, en pensant à laisser 1 cm de marge tout autour, et, au ras de la pliure, les deux patrons des volants, en respectant bien le droit-fil. Ainsi, les rayures des bretelles et des volants ne seront pas dans le même sens.

ASSEMBLEZ les côtés du tablier jusqu'aux emmanchures, puis terminez par un ourlet de chaque côté de ces emmanchures. Réalisez une glissière de 1 cm de large en haut du dos et du devant, passez un morceau d'élastique dans chaque pour ramener l'ampleur à 9 cm et faites quelques petits points de chaque côté pour fixer l'élastique.

OURLEZ les volants, puis froncez-les sur un côté, et faites un rentré sur une des longueurs des bretelles. Montez les côtés froncés sur les rentrés, en commençant et en vous arrêtant à 4,5 cm des extrémités des bretelles. Ensuite, fixez la largeur des volants sur les bretelles, afin que les volants se terminent en biais. Pliez les bretelles en deux, tissu envers contre envers, faites un rentré sur le côté sans volant et piquez toutes les épaisseurs ensemble. Faites un rentré à chaque extrémité et fermez à petits points. Glissez les bretelles à l'intérieur du tablier et fixez-les, par quelques points à la main, au bas des emmanchures et en haut du tablier. Cousez devant, au niveau de la glissière, un petit bouton décoratif sur chaque bretelle.

FAITES un ourlet en haut des poches et cousez-les à gros points avant avec 2 brins de Mouliné DMC rouge. Placez les poches sur le devant du tablier, faites un rentré tout autour et fixez-les à gros points avant avec 2 brins de Mouliné DMC beige. Faites un ourlet de 1,5 cm en bas du tablier puis reprenez-le à gros points avant avec 2 brins de Mouliné DMC rouge.

LES CHAUSSURES

PHOTOCOPIEZ à 140 % les trois éléments du patron d'une chaussure et découpez les morceaux. Épinglez les pièces du patron sur la feutrine puis coupez le tissu, en laissant 0,7 cm de marge pour les coutures, sauf pour la bride et l'ouverture, que vous coupez à ras.

SURPIQUEZ l'ouverture, puis fermez le dessus de la chaussure par une couture. Ouvrez la couture, bâtissez la semelle en faisant correspondre son milieu avec le milieu du dessus, puis piquez à la machine. Recoupez la feutrine à 0,3 cm de la couture et retournez la chaussure.

SURPIQUEZ le tour de la bride, et cousez-la à l'intérieur de la chaussure, à 2,5 cm de la couture du dos. Au bout de la bride, à l'intérieur, cousez un petit morceau de Velcro marron et fixez par-dessus un petit bouton en bois décoratif. Cousez l'autre partie du Velcro sur la chaussure, elle aussi à 2,5 cm de la couture.

FABRIQUEZ la seconde chaussure de la même manière, à la seule différence que la bride et le Velcro sont inversés.

POUPÉE FRAISES

POUPÉE FRAISES

Fournitures

La robe (patron p. 132)

1 fat quarter de coton bleu à pois
55 cm de dentelle blanche de 0,5 cm de large
1 petit bouton de nacre
1 échevette de Mouliné DMC blanc

Le chapeau (patron p. 132-133)

1 fat quarter de coton à pois
1 fat quarter de coton à rayures
55 x 70 cm de voile thermocollant
70 cm de gros-grain rose de 0,5 cm de large

Le tablier (patron p. 131)

1 fat quarter de Liberty
70 cm de dentelle rose fuchsia de 1 cm de large
2 petits boutons fleurs
1 petit bouton de nacre
1 échevette de Mouliné DMC blanc

Les espadrilles (patron p. 118)

25 x 5 cm de lin rose
15 x 5 cm de lin naturel
25 x 8 cm de feutrine beige clair
40 x 5 cm de voile thermocollant
110 cm de ruban rose de 0,5 cm de large
1 échevette de Mouliné DMC blanc

Matériel

Épingles
Aiguilles à coudre et à broder
Fil à coudre beige, rouge, bleu et rose

LA ROBE

PHOTOCOPIEZ à 140 % les deux éléments du patron et découpez-les : un demi-dos et un demi-devant. Pliez le tissu en deux dans le sens du droit-fil et épinglez dessus les deux morceaux du patron, le demi-devant positionné au ras de la pliure.

COUPEZ les pièces, en comptant 1 cm de marge pour les coutures et 2 cm pour les ourlets.

SUPERPOSEZ les deux demi-dos, endroit contre endroit, et piquez le milieu dos jusqu'en bas de l'ouverture. Ouvrez la couture, marquez un rentré de chaque côté de l'ouverture et piquez-le.

ASSEMBLEZ le dos et le devant par les épaules et ouvrez les coutures au fer. Faites ensuite un ourlet autour de l'encolure et autour des emmanchures. Cousez la dentelle à la main autour des emmanchures et de l'encolure.

FERMEZ les côtés de la robe par une piqûre machine et faites un petit ourlet dans le bas de la robe.

COUSEZ un petit bouton blanc en haut de l'ouverture du dos et réalisez une bride en vis-à-vis avec le coton à broder.

LE CHAPEAU

PHOTOCOPIEZ à 140 % les différents éléments du patron et découpez-les : un fond et un bord droit pour la calotte, un bord arrondi devant et un bord arrondi dos pour le bord du chapeau.

POSITIONNEZ les morceaux du patron sur le tissu à pois, en respectant le droit-fil indiqué (les deux bords droits de la calotte sont coupés dans le biais, le milieu dos et devant des bords arrondis sont dans le droit-fil), et coupez les pièces en comptant 1 cm de marge pour les coutures. Faites la même chose avec le tissu à rayures. Repassez du voile thermocollant au dos de chaque pièce et recoupez.

SUPERPOSEZ les bords droits à pois, endroit contre endroit, et assemblez les côtés pour fermer. Ouvrez les coutures au fer. Épinglez ces bords avec le fond de la calotte à pois, en faisant correspondre les repères, et piquez. Superposez ensuite les deux bords arrondis à pois, endroit contre endroit, et assemblez les côtés pour fermer. Ouvrez les coutures au fer. Épinglez ces bords à la calotte, en faisant correspondre les repères, et piquez.

ASSEMBLEZ la doublure rayée du chapeau de la même manière, en laissant une ouverture sur une couture pour pouvoir retourner le chapeau sur l'endroit.

SUPERPOSEZ l'extérieur du chapeau et sa doublure, endroit contre endroit, en faisant correspondre les coutures, et piquez tout le long du bord. Retournez sur l'endroit par l'ouverture, puis fermez-la à la main, à petits points. Repassez tout le chapeau, extérieur et doublure, et faites une surpiqûre à 0,1 cm du bord.

COUPEZ 2,5 cm de gros-grain et cousez-le sur un côté du chapeau, sur un bord droit, de façon à former un passant. Positionnez le reste du gros-grain sur le chapeau, en le glissant dans le passant, et fermez-le par un joli nœud de l'autre côté.

LE TABLIER

PHOTOCOPIEZ à 140 % les deux éléments du patron et découpez-les : un demi-dos/devant pour l'empiècement et une bretelle. Pliez le tissu en deux dans le sens du droit-fil et épinglez dessus les deux morceaux du patron, le demi-dos/devant positionné au ras de la pliure.

COUPEZ les pièces, en comptant 1 cm de marge pour les coutures et 2 cm pour les ourlets. Coupez aussi un rectangle de 70 x 19 cm pour le bas du tablier. Faites un rentré en haut de l'empiècement et sur les côtés pour l'ouverture du dos, et piquez. Froncez le grand rectangle de tissu, en laissant la marge de couture libre, de manière à ramener sa largeur à celle de l'empiècement. Épinglez ensuite le haut et le bas du tablier et piquez.

Pliez le tablier en deux, endroit contre endroit, et piquez pour le fermer, du bas du tablier jusqu'au bas de l'empiècement. Repassez pour ouvrir la couture.

PLIEZ les bretelles en deux, endroit contre endroit, et piquez en laissant une extrémité ouverte. Retournez et repassez. Positionnez les bretelles sur le devant et le dos du tablier et cousez-les.

COUSEZ le petit bouton blanc en haut de l'ouverture du dos et réalisez une bride en vis-à-vis avec le coton à broder. Cousez les boutons fleurs au niveau des bretelles, sur le devant. Faites un ourlet en bas du tablier et cousez la dentelle à la main, à 2 cm du bord.

LES ESPADRILLES

PHOTOCOPIEZ à 140 % les trois éléments du patron et découpez-les : une semelle, un dessus et un talon.

COUPEZ quatre semelles dans la feutrine, deux dessus dans le lin rose et deux talons dans le lin naturel, au ras des patrons.

SUPERPOSEZ les semelles deux par deux et piquez-les à 0,1 cm du bord. Repassez du voile thermocollant au dos du talon et du dessus des espadrilles et recoupez en suivant les contours. Fermez la pince des dessus, et surpiquez toutes ces pièces à 0,1 cm du bord.

ÉPINGLEZ les dessus et les talons sur les semelles, l'envers de ces pièces contre l'intérieur des semelles, et piquez le long du bord.

REBRODEZ au point de feston le tour des espadrilles et la pointe des dessus, au milieu.

COUPEZ deux morceaux de ruban de 4 cm, pliez-les en deux et cousez-les sous le dessus des espadrilles, au milieu, de façon qu'une boucle de ruban dépasse.

PASSEZ 50 cm de ruban dans chaque boucle et, avec une grosse aiguille, percez le dos en lin naturel des espadrilles pour y passer le ruban.

FABRIQUEZ la seconde espadrille de la même manière.

POUPÉE CÂLINE

Fournitures

La chemise de nuit (patron p. 124)

1 fat quarter de coton blanc
à petites étoiles rouges
75 cm de dentelle en broderie anglaise
de 1,5 cm de large
30 cm de ruban en satin rouge
de 0,3 cm de large
20 cm de biais blanc
20 cm d'élastique fin
1 petit bouton blanc de nacre à 2 trous
en forme d'étoile
1 petit bouton blanc de nacre à 2 trous
de 0,7 cm de diamètre
1 échevette de Mouliné DMC 304 (rouge)

Le doudou (patron p. 130)

16 x 35 cm de lin beige
9 x 18 cm de coton blanc à petites étoiles rouges
Ouate polyester
1 échevette de Mouliné DMC 304 (rouge),
844 (marron) et 3031 (gris)
1 petite étiquette brodée

Le coussin (patron p. 126)

1 fat quarter de coton rayé blanc et rouge
30 cm de ruban en coton rouge
de 0,5 cm de large
Chute de feutrine rouge
Ouate polyester
1 échevette de Mouliné DMC 304 (rouge) et écru

Le peignoir (patron p. 134)

25 x 66 cm de lin blanc
70 cm de broderie anglaise blanche de 2 cm de large
1 fat quarter de coton blanc à étoiles rouges
5 cm de ruban en satin rouge de 0,3 cm de large
1 échevette de Mouliné DMC blanc

Les mules (patron p. 119)

14 x 26 cm de feutrine blanche
2 petits pompons blancs
1 échevette de Mouliné DMC 304 (rouge)

Matériel

Aiguilles à coudre et à broder
Fil à coudre blanc et beige
Ciseaux à cranter
1 crochet

L.

LA CHEMISE DE NUIT

PHOTOCOPIEZ à 140 % les éléments du patron de la chemise de nuit, et découpez les différentes pièces : deux demi-manches, un demi-dos et un demi-devant.

PLIEZ le tissu en deux dans le sens du droit-fil et épinglez dessus les patrons. Le demi-devant et les demi-manches sont disposés au ras de la pliure. Coupez le tissu en comptant 1 cm de marge pour les coutures et 2 cm pour les ourlets. Marquez les repères par des épingles.

ASSEMBLEZ les deux demi-dos et le devant par les coutures des épaules, puis surfilez. Formez un pli creux de 1,5 cm sur le milieu de l'encolure et cousez-le sur l'envers sur 3 cm de hauteur. Froncez les manches entre les repères, bâtissez-les aux emmanchures et piquez. Pliez les manches en deux, tissu endroit contre endroit, faites une piqûre le long des manches et des côtés.

RABATTEZ le bas des manches sur 2,5 cm, faites un petit rentré et piquez au bord du tissu sur tout le tour, en laissant une petite ouverture pour pouvoir passer l'élastique. Faites une seconde piqûre parallèle, à 0,5 cm, sur tout le tour. Passez dans chaque coulisse 10 cm d'élastique fin et nouez les extrémités ensemble. Assemblez les deux demi-dos par une couture, en laissant en haut une ouverture de 10 cm. Surfilez toutes les coutures. Retournez la chemise de nuit sur l'endroit.

COUPEZ le biais en deux sur toute sa longueur et surfilez à la machine un des morceaux. Bâtissez de la dentelle et le morceau de biais surfilé autour de l'encolure, sur l'endroit du tissu. Retournez le biais à l'intérieur de l'encolure et surpiquez le long de l'encolure.

FAITES un ourlet de 1 cm de chaque côté de l'ouverture du dos. Cousez un petit bouton blanc en haut de cette ouverture, avec du Mouliné DMC rouge, et faites en vis-à-vis une bride, elle aussi en Mouliné DMC rouge.

TERMINEZ le bas du jupon par un ourlet, sur lequel vous piquez la dentelle blanche de manière à faire dépasser la broderie anglaise. Cousez un nœud décoratif en ruban rouge juste au-dessus du pli creux, surmonté d'un bouton étoile cousu avec du Mouliné DMC rouge.

LE DOUDOU

PHOTOCOPIEZ en double à 140 % le patron du doudou et découpez ces deux éléments. Pliez le tissu en deux, dans le sens du droit-fil, et épinglez dessus les deux morceaux, au ras de la pliure. Coupez le tissu en ajoutant 1 cm autour.

SUPERPOSEZ les deux morceaux de tissu et faites une piqûre sur tout le tour, en laissant une ouverture de 3 cm sur un côté. Recoupez le tissu à 0,5 cm de la couture et retournez le tissu sur l'endroit. Remplissez d'ouate et fermez l'ouverture par des petits points à la main.

BRODEZ le visage en faisant une croix dans chaque oreille avec 1 brin de Mouliné DMC marron. Le nez et la bouche sont réalisés avec 2 brins de Mouliné DMC marron : un triangle qui pointe vers le bas, surmontant une flèche pointant elle aussi vers le bas. Les deux yeux sont des petits cercles brodés au point de tige, avec 2 brins de Mouliné DMC gris.

RECOUPEZ le haut du rectangle de tissu à étoiles avec des ciseaux à cranter. Pratiquez dedans deux ouvertures de 3,5 cm de haut pour passer les bras du doudou, à 2 cm du haut et 4,5 cm des côtés. Pliez le tissu en deux, endroit contre endroit et fermez le dos par une piqûre. Faites un rentré de 1 cm en bas et fixez-le par un grand point avant à la main avec 2 brins de Mouliné DMC rouge. Retournez le tissu sur l'endroit et froncez le haut de la chemise avec 6 brins de Mouliné DMC rouge, que vous nouerez autour du cou du doudou.

LE COUSSIN

DÉCOUPEZ dans le tissu deux carrés de 18,5 cm de côté. Placez-les l'un sur l'autre, endroit contre endroit, et piquez tout autour à 1 cm du bord, en laissant une ouverture sur un côté. Retournez cette housse.

COUSEZ à grands points sur l'une des faces du coussin, au milieu, un cœur en feutrine rouge, avec 2 brins de Mouliné DMC écru. Brodez une étoile rouge de chaque côté de ce cœur, avec 6 brins de Mouliné DMC rouge.

REMPLISSEZ le coussin d'ouate et fermez l'ouverture à petits points à la main. Rebrodez tout le tour du coussin d'une ligne de grands points de piqûre, avec 2 brins de Mouliné DMC rouge. Faites un nœud décoratif avec le ruban et fixez-le dans l'angle du coussin en haut à gauche.

LE PEIGNOIR

PHOTOCOPIEZ à 140 % les différents éléments du patron et découpez-les : un demi-dos, un demi-devant, une demi-manche et une demi-ceinture.

PLIEZ le tissu en deux dans le sens du droit-fil et épinglez dessus les pièces du patron. Le demi-dos, la demi-manche et la demi-ceinture sont disposés au ras de la pliure.

COUPEZ le tissu en comptant 1 cm de marge pour les coutures et 2 cm pour les ourlets.

ASSEMBLEZ le dos et les devants par les coutures des épaules, puis cousez les manches aux emmanchures. Piquez ensuite les coutures des côtés et du dessous des manches.

BÂTISSEZ la broderie anglaise autour de l'ouverture du peignoir (le long des devants et de l'encolure), sur l'envers, et piquez-la à la machine.

ÉPINGLEZ un ourlet en bas des manches et en bas du peignoir et piquez à la machine.

SUPERPOSEZ la bande en lin pour la ceinture et le coton à étoiles, endroit contre endroit, et piquez en laissant une extrémité ouverte. Recoupez le tissu à 0,5 cm des coutures et retournez sur l'endroit. Faites un rentré autour de l'ouverture et fermez à la main.

RÉALISEZ au crochet deux chaînettes de 2 cm avec le coton à broder, et cousez-les sur les coutures des côtés afin de faire des passants pour la ceinture.

RENTREZ les extrémités du ruban en satin et cousez-le à l'intérieur du peignoir, au milieu de l'encolure dos.

LES MULES

PHOTOCOPIEZ à 140 % les éléments du patron des mules et découpez-les : quatre semelles et deux dessus. Épinglez les pièces du patron sur la feutrine puis coupez le tissu, à ras pour les deux dessus et en laissant 1 cm de marge pour les semelles.

MARQUEZ les repères de milieu des semelles et des dessus avec des épingles, puis superposez les semelles deux par deux en faisant correspondre les repères. Bâtissez les semelles. Disposez les dessus sur les semelles en faisant correspondre les repères et bâtissez. Faites une piqûre sur tout le tour des semelles puis recoupez le tissu à 0,2 cm de la piqûre.

FABRIQUEZ la seconde mule de la même manière.

REBRODEZ le dessus des mules d'une ligne au point avant le long de l'ouverture, avec 2 brins de Mouliné DMC rouge. Brodez sur chaque dessus trois étoiles formant un triangle pointant vers le bas, avec 3 brins de Mouliné DMC rouge. Cousez un petit pompon blanc entre les deux étoiles du haut.

POUPÉE BLEUE

POUPÉE BLEUE

Fournitures

Le chemisier (patron p. 135)

1 fat quater de popeline blanche
15 cm de biais blanc
20 cm d'élastique fin
1 fleur blanche en guipure
1 bouton blanc de nacre de 0,7 cm de diamètre

La jupe-tablier (patron p. 125)

1 fat quarter de coton
à petit pied-de-poule blanc-bleu
3 boutons blancs de nacre à 4 trous
de 12 mm de diamètre
Velcro gris
1 échevette de Mouliné DMC 321 (rouge)

Les chaussures (patron p. 118)

15 x 35 cm de feutrine marron
2 boutons en bois à 4 trous de 1 cm de large
Velcro marron

Le cartable

13 x 38 cm de feutrine marron
60 cm de ruban en coton camel de 1 cm de large
1 attache de montre
Velcro marron

Matériel

Aiguilles à coudre et à broder
Fil à coudre bleu, blanc et marron
Fil de lin ficelle

LE CHEMISIER

PHOTOCOPIEZ à 140 % les différents éléments du patron du chemisier, et découpez les pièces : un demi-dos, un demi-devant, une manche et deux demi-cols.

PLIEZ le tissu en deux dans le sens du droit-fil et épinglez dessus les morceaux du patron. Seul le milieu du demi-devant est disposé au ras de la pliure. Coupez le tissu en comptant 1 cm de marge pour les coutures et 2 cm pour les ourlets. Avec des épingles, marquez sur le tissu les repères de fronces et du milieu des manches.

ASSEMBLEZ les deux demi-dos et le devant par les coutures des épaules, puis piquez et surfilez. Froncez les manches entre les repères A et B et montez-les aux emmanchures en faisant coïncider les repères. Pliez les manches en deux, tissu endroit contre endroit, faites une piqûre le long des manches et des côtés et surfilez.

RABATTEZ le bas des manches sur 2,5, cm, faites un petit rentré et piquez au bord du tissu sur tout le tour, en laissant une petite ouverture pour pouvoir passer l'élastique. Faites une seconde piqûre parallèle, à 0,5 cm, sur tout le tour. Passez dans chaque coulisse 10 cm d'élastique fin et nouez les extrémités ensemble. Retournez les manches sur l'endroit.

POSITIONNEZ deux demi-cols l'un sur l'autre, endroit contre endroit, et piquez le long du côté droit et de l'arrondi extérieur. Retournez ce demi-col et marquez le repère C avec une épingle. Confectionnez l'autre demi-col de la même manière.

PLACEZ les deux demi-cols sur l'encolure en faisant coïncider les repères, sur l'endroit du tissu, surmontés d'un morceau de biais, et bâtissez. Faites une piqûre, recoupez le biais à 0,3 cm de la couture, puis retournez-le sur l'envers du corsage. Fixez le biais aux coutures d'épaules par quelques petits points à la main.

FAITES un ourlet aux deux croisures du dos et sur le bas du chemisier. Cousez un petit bouton blanc en haut de l'ouverture de l'un des dos, faites une bride sur l'autre côté en vis-à-vis. Pour terminer, cousez une petite fleur blanche en guipure sur le devant du chemisier, au milieu.

LA JUPE-TABLIER

PHOTOCOPIEZ à 140 % les différents éléments du patron, et découpez les pièces : une bavette, une bretelle, une demi-ceinture, un demi-dos et un demi-devant.

PLIEZ le tissu pied-de-poule en deux dans le sens du droit-fil et épinglez dessus les morceaux du patron. Le demi-dos et le demi-devant sont positionnés contre la pliure, ainsi que la ceinture. Coupez le tissu en comptant 1 cm de marge pour les coutures et 2 cm pour les ourlets.

BÂTISSEZ six plis plats sur le dos et sur le devant de la jupe, comme indiqué sur le patron.

PLACEZ le dos et le devant l'un sur l'autre, endroit contre endroit, et piquez les côtés. Arrêtez la couture à 6 cm du haut sur l'un des côtés pour garder une ouverture. Faites un ourlet dans le bas.

PLIEZ les bretelles en deux dans la longueur, faites une piqûre sur deux côtés et retournez-les.

PLACEZ les deux morceaux de la bavette l'un sur l'autre, endroit contre endroit.

GLISSEZ les deux bretelles entre ces deux morceaux. Piquez le côté de la bavette où arrivent les extrémités non fermées des bretelles, puis les deux côtés latéraux. Retournez la bavette sur l'endroit.

PLACEZ la bavette sur le devant de la jupe et bâtissez le bas de la bavette sur les plis. Bâtissez le bas de la ceinture sur la jupe, tissu endroit contre endroit, en prenant le bas de la bavette entre la ceinture et la jupe. Piquez le tout, fermez les côtés de la ceinture et retournez la ceinture. Faites un rentré sur l'autre côté et piquez sur l'envers de la jupe.

COUSEZ un bouton blanc à l'une des extrémités de la ceinture de la jupe, avec 2 brins de Mouliné rouge, et faites une bride rouge en vis-à-vis à l'autre extrémité. Cousez les deux autres boutons sur le bas de la bavette, en prenant la ceinture en même temps. Faites une ligne de points de croix rouges sur le haut de la bavette, avec 2 brins de Mouliné. Cousez un petit morceau de Velcro au bas de chaque bretelle, et deux autres morceaux en vis-à-vis à l'intérieur de la ceinture, dans le dos.

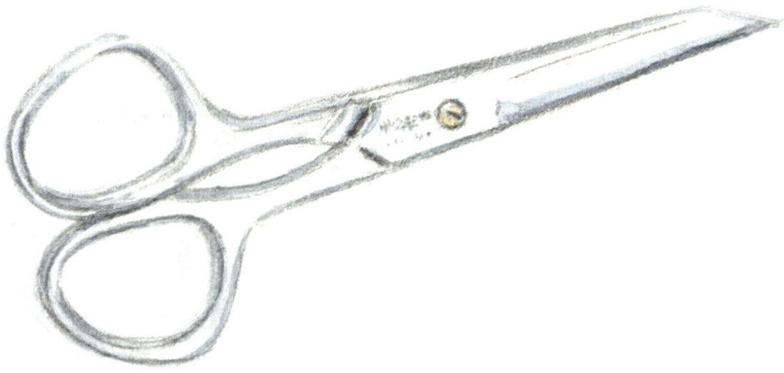

LES CHAUSSURES

PHOTOCOPIEZ à 140 % les trois éléments du patron d'une chaussure et découpez les morceaux. Épinglez les pièces du patron sur la feutrine puis coupez le tissu, en laissant 0,7 cm de marge pour les coutures, sauf pour la bride et l'ouverture, que vous coupez à ras.

SURPIQUEZ l'ouverture, puis fermez le dessus de la chaussure par une couture. Ouvrez la couture, bâtissez la semelle en faisant correspondre son milieu avec le milieu du dessus, puis piquez à la machine. Recoupez la feutrine à 0,3 cm de la couture et retournez la chaussure.

SURPIQUEZ le tour de la bride, et cousez-la à l'intérieur de la chaussure, à 2,5 cm de la couture du dos. Au bout de la bride, à l'intérieur, cousez un petit morceau de Velcro marron et fixez par-dessus un petit bouton en bois décoratif. Cousez l'autre partie du Velcro sur la chaussure, elle aussi à 2,5 cm de la couture.

FABRIQUEZ la seconde chaussure de la même manière, à la seule différence que la bride et le Velcro sont inversés.

LE CARTABLE

DÉCOUPEZ dans la feutrine un rectangle de 13 x 29,5 cm et deux de 4 x 8,5 cm. Repliez la partie gauche du grand rectangle de feutrine et bâtissez en haut et en bas les petits rectangles pour former les côtés, en laissant à droite un rabat de 8,5 cm de large. La feutrine est bâtie envers contre envers. Piquez les coutures sur l'endroit et surpiquez le tour du rabat ainsi que le haut de la poche du cartable.

COUPEZ un morceau de ruban camel de 12 cm de long et faites un rentré de 1 cm de chaque côté. Fixez ce ruban sur le haut du rabat pour faire une poignée, en piquant un carré sur les deux rentrés avec du fil marron.

COUPEZ un morceau de ruban camel de 34 cm de long. Pliez-le en deux en formant une pointe à la pliure. Piquez cette pointe de ruban dans le haut du dos du cartable avec du fil marron, au milieu, et fixez chacune des extrémités en bas, sur les coutures, toujours avec du fil marron. Fixez sur le milieu de la poche, à 3 cm du haut, un petit morceau de Velcro marron, et l'autre partie à l'intérieur du rabat, à 1 cm du bord. Passez un morceau de ruban camel de 9 cm de long dans l'attache de montre, laissez pendre une extrémité de 2,5 cm sous l'attache et repliez l'autre autour de la barre en haut de l'attache. Faites une piqûre juste au-dessus de cette barre, avec du fil de lin ficelle, et fixez le ruban sur le rabat en le piquant avec du fil marron sur la piqûre inférieure du Velcro.

REBRODEZ le tour du rabat d'un point avant en lin ficelle, sur la piqûre machine.

POUPÉE BALLERINE

POUPÉE BALLERINE

Fournitures

Le tutu (patron p. 137)

1 fat quarter de batiste à petites étoiles
20 cm d'élastique rond
15 petits strass thermocollants

Le jupon (patron p. 136)

75 x 25 cm de tulle rose
20 cm d'élastique rond

Le diadème

1 cure-pipe argenté de 50 cm
Fil élastique argenté
Strass en forme de goutte

Le justaucorps (patron p. 131)

1 fat quarter de batiste rose à étoiles
1 fat quarter de batiste unie rose
10 cm de dentelle argentée de 1 cm de large
12 cm de ruban en satin rose fuchsia
de 0,5 cm de large
2 boutons-pression en plastique
1 étoile thermocollante

Le cache-cœur

1 pelote de laine gris argenté
1 bouton étoile de nacre

Les chaussons de danse (patron p. 119)

35 x 10 cm de soie rose
35 x 10 cm de voile thermocollant
140 cm de ruban en satin rose de 0,5 cm de large

Le sac polochon (patron p. 131 et 137)

1 fat quarter de batiste rose clair à étoiles
36 x 15 cm de coton blanc
36 x 15 cm de ouatine thermocollante
de 0,5 cm de large
75 cm de ruban sergé gris de 1cm de large
Petite fermeture Éclair de 13 cm de long

Le matériel

Épingles
Aiguille à coudre
Fil à bâtir
Fil à coudre rose foncé et rose clair
Aiguilles à tricoter n° 3,5

LE TUTU

PHOTOCOPIEZ le patron à 140 % et découpez-le. Pliez la batiste en deux dans le sens du droit-fil et épinglez le patron dessus, le milieu devant disposé au ras de la pliure.

COUPEZ le tissu en comptant 1 cm de marge pour la couture du dos et la glissière à la taille et 2 cm pour l'ourlet du bas. Fermez le dos du tutu, puis surfilez la couture et ouvrez-la au fer.

PIQUEZ un rentré de 0,5 cm à la taille en laissant une petite ouverture, passez le cordon élastique dans cette glissière et ramenez le tour de taille à 18 cm en nouant les deux extrémités de l'élastique. Faites ensuite un ourlet en bas du tutu.

COLLEZ les strass au fer à repasser en les dispersant comme un ciel étoilé sur le devant du tutu.

LE JUPON

PHOTOCOPIEZ le patron à 140 % et découpez-le. Pliez le tulle en deux et épinglez le patron dessus, le milieu devant et dos disposé au ras de la pliure.

COUPEZ le tulle en comptant 1 cm de marge autour de la taille. Coupez un second cercle en tulle de la même manière.

SUPERPOSEZ les deux cercles en tulle et piquez un rentré de 0,5 cm à la taille en laissant une petite ouverture. Passez le cordon élastique dans cette glissière et ramenez le tour de taille à 18 cm en nouant les deux extrémités de l'élastique.

LE DIADÈME

COUPEZ dans le cure-pipe un morceau de 26 cm de long, pliez-le en deux et entortillonnez chaque extrémité pour former un anneau. Cela sera la partie basse du diadème.

COUPEZ un autre morceau de cure-pipe de 20 cm de long et formez trois spirales pour faire la partie haute du diadème. Fixez cette partie haute sur la partie basse, au centre, en l'entortillonnant de chaque côté.

COUSEZ le strass sur le milieu de la partie haute, en pendentif. Reliez les deux anneaux de la partie basse avec un élastique.

LE JUSTAUCORPS

PHOTOCOPIEZ le patron à 140 % et découpez-le. Pliez en deux la batiste à étoiles dans le sens du droit-fil et épinglez le patron dessus, le milieu devant au ras de la pliure.

COUPEZ le tissu en comptant partout 1 cm de marge. Faites la même chose avec la batiste unie.

COUPEZ le ruban en deux et épinglez les extrémités de chaque morceau sur l'envers du tissu uni, au niveau des bretelles (les bretelles contre le tissu, les extrémités bord à bord avec le bord du tissu).

SUPERPOSEZ les deux tissus, endroit contre endroit, et piquez sur tout le tour en laissant une ouverture dans une couture du milieu dos. Retournez sur l'endroit, repassez et fermez l'ouverture.

SUPERPOSEZ le bas des deux parties du dos, maintenez-les ensemble par deux petits points et cousez par-dessus un côté d'un bouton-pression. Cousez l'autre partie du bouton-pression sur l'entrejambe de devant, sur la doublure unie.

FAITES un petit pli en haut du justaucorps, au milieu du devant, et fixez-le par un petit point. Cousez la dentelle le long du décolleté. Cousez un autre bouton-pression pour fermer le haut du dos.

FIXEZ l'étoile thermocollante au milieu du décolleté.

LE CACHE-CŒUR

Il est tricoté en un seul morceau et se commence par le bas du dos.

MONTEZ 29 mailles et tricotez en jersey endroit pendant 11 rangs (3 cm).

AJOUTEZ 18 mailles à chaque extrémité pour les manches, et continuez sur ces 65 mailles en tricotant toujours la première et la dernière maille à l'endroit.

RABATTEZ les 11 mailles centrales à 7 cm de hauteur totale et terminez chaque côté séparément.

TRICOTEZ 4 rangs droit et, pour l'encolure en biais, augmentez tous les 4 rangs 4 fois 1 maille.

Simultanément, à 13 cm de hauteur totale, rabattez les 18 mailles de chaque manche.

AUGMENTEZ tous les 2 rangs 5 fois 1 maille pour l'encolure en biais, à 15 cm de hauteur totale.

RABATTEZ toutes les mailles à 17 cm de hauteur totale.

TRICOTEZ le second côté en vis-à-vis.

PLIEZ le cache-cœur en deux et fermez les côtés et les manches. Cousez un petit bouton sur un devant et réalisez une bride en vis-à-vis.

LES CHAUSSONS DE DANSE

PHOTOCOPIEZ à 140 % les deux éléments du patron et découpez-les. Épinglez les pièces sur la soie ivoire puis coupez le tissu, en comptant partout une marge de 0,7 cm.

REPASSEZ du voile thermocollant au dos de chaque pièce et recoupez en suivant les contours.

SURPIQUEZ l'ouverture, puis fermez le dessus de la chaussure par une couture. Ouvrez la couture, bâtissez la semelle en faisant correspondre son milieu avec le milieu du dessus, puis piquez à la machine. Recoupez le tissu à 0,3 cm de la couture et retournez le chausson.

FABRIQUEZ le second chausson de la même manière.

COUPEZ le ruban en quatre et fixez deux morceaux de ruban à l'intérieur de chaque chausson, à l'arrière des chaussons.

LE SAC POLOCHON

PHOTOCOPIEZ à 140 % les deux éléments du patron et découpez-les. Épinglez les pièces sur la batiste en comptant 1 cm de marge pour les coutures.

DÉCOUPEZ dans la ouatine un rectangle ainsi que deux cercles, à l'aide des deux éléments du patron, sans marges, et collez-les au fer sur la batiste rose.

ÉPINGLEZ la fermeture Éclair sur l'envers du rectangle en tissu, le long de l'ouverture du sac, et piquez.

COUPEZ 65 cm de sergé et positionnez-le sur le sac de façon à former des anses de longueur égale, en commençant à la pliure milieu du fond.

PIQUEZ les anses en partant du fond du sac, de chaque côté du ruban sergé.

COUPEZ deux morceaux de ruban sergé de 4 cm de long, pliez-les en deux et épinglez-les chaque côté de la fermeture Éclair.

BÂTISSEZ les cercles sur les côtés de la batiste, puis piquez-les ou cousez-les à la main (cette opération, un peu compliquée, est plus facile à la main).

COUPEZ dans le coton une doublure plus petite que le sac de 0,5 cm et assemblez-la. Glissez la doublure dans le sac, faites un petit rentré le long de l'ouverture et cousez-la sur les bords intérieurs de la fermeture Éclair (à l'intérieur).

POUPÉE PLUIE

POUPÉE PLUIE

Fournitures

L'imperméable (patron p. 138)

35 x 60 cm de toile enduite
1 bouton-pression
1 bouton métallique

La marinière (patron p. 139)

1 fat quarter de coton rayé
35 cm de broderie anglaise blanche de 7 cm de large
2 boutons étoiles de nacre gris
1 petit bouton blanc
21 cm de dentelle rouge de 1 cm de large
1 échevette de Mouliné DMC blanc

Le pantalon (patron p. 139)

50 x 40 cm de lin gris foncé
26 cm d'élastique plat de 1 cm de large
1 bouton de nacre gris

Le bonnet

1 petite pelote de coton bleu marine et gris
1 petite pelote de coton fin argent
1 charm étoile
1 épingle de nourrice

Les bottes (patron p. 118-119)

40 x 20 cm de toile enduite
15 x 10 cm de feutrine rouge

Le matériel

Épingles
Aiguilles à coudre et à broder
Aiguilles à tricoter n° 4
Fil à coudre bleu, blanc et rouge

L'IMPERMÉABLE

PHOTOCOPIEZ à 140 % les différents éléments du patron et découpez-les : une demi-capuche, un demi-dos, un demi-devant, une poche et une manche. Pliez la toile enduite en deux et épinglez les pièces dessus, le milieu dos disposé au ras de la pliure.

COUPEZ la toile enduite en comptant 1 cm de marge pour les coutures et 2 cm pour les ourlets et le tour de la capuche.

SUPERPOSEZ les deux pièces de la capuche et piquez pour la fermer. Faites ensuite un rentré de 2 cm sur tout le tour de l'ouverture et piquez. Assemblez le dos et les devants par les épaules. Repliez en deux les parementures des devants, endroit contre endroit, piquez le haut et retournez sur l'endroit.

CRANTEZ l'emmanchure et assemblez les manches et le corps. Cousez ensuite les côtés et le dessous des manches, puis faites un ourlet dans le bas des manches et au bas de l'imperméable. Faites un rentré de 1 cm sur les côtés et le bas de la poche, et piquez un rentré de 2 cm en haut.

COUSEZ la poche sur un devant, au ras de la couture de côté. Posez le bouton-pression en haut de la parementure et fixez le bouton décoratif.

LE BONNET

MONTEZ 60 mailles bleu marine. Tricotez 12 rangs en jersey bleu, puis continuez en jersey rayé : 4 rangs gris et argent tricotés ensemble, 4 rangs bleus.

COMMENCEZ les diminutions au 24e rang : 1 maille lisière, *4 mailles, 2 mailles ensemble*, répétez de * à * jusqu'aux 5 dernières mailles, 4 mailles, 1 maille lisière.

CONTINUEZ en jersey rayé en reprenant les diminutions 4 rangs plus haut : 1 maille lisière, *3 mailles, 2 mailles ensemble*, répétez de * à * jusqu'aux 5 dernières mailles, 4 mailles, 1 maille lisière.

DIMINUEZ ensuite tous les 2 rangs : pour les premières diminutions, 1 maille lisière, *2 mailles, 2 mailles ensemble*, répétez de * à * jusqu'à la dernière maille, 1 maille lisière.

FAITES pour les diminutions suivantes : 1 maille lisière, *1 maille, 2 mailles ensemble*, répétez de * à * jusqu'aux 3 dernières mailles, 2 mailles ensemble, 1 maille lisière. Deux rangs plus haut, tricotez 1 maille lisière, 2 mailles ensemble sur tout le rang, et terminez le rang par 1 maille lisière. Tricotez le rang suivant de la même manière.

PASSEZ un fil dans les mailles restantes, serrez et fermez le bonnet par la couture de côté.

RÉALISEZ un petit pompon avec le coton gris doublé d'argent (avec 2 disques de 5 cm), et cousez-le au sommet du bonnet. Fixez le charm sur le bonnet avec l'épingle de nourrice.

LA MARINIÈRE

PHOTOCOPIEZ à 140 % les différents éléments du patron et découpez-les : un demi-dos, un demi-devant et une manche. Pliez le coton rayé en deux, épinglez le demi-dos et le demi-devant sur le tissu, cette dernière pièce disposée au ras de la pliure. Coupez ensuite le tissu en comptant 1 cm de marge pour les coutures et 2 cm pour les ourlets. Coupez les manches dans la dentelle.

SUPERPOSEZ les deux demi-dos, endroit contre endroit, et piquez le milieu dos, en laissant en haut une ouverture de 10 cm. Repassez pour ouvrir la couture et marquer un rentré de chaque côté de l'ouverture, et piquez ces rentrés le long de l'ouverture.

ASSEMBLEZ le dos et le devant par les épaules, ouvrez les coutures au fer et faites un ourlet autour de l'encolure.

ASSEMBLEZ les manches et le corps de la marinière, puis piquez les côtés et le dessous des manches, du haut des rentrés jusqu'au bas des manches. Faites un ourlet sur les fentes des côtés, puis en bas de la marinière.

COUSEZ sur le devant les boutons étoiles au bord de l'encolure et la dentelle à 2 cm du bas. Cousez le petit bouton blanc dans le haut du dos et réalisez une bride en vis-à-vis avec le coton à broder.

LE PANTALON

PHOTOCOPIEZ à 140 % les différents éléments du patron et découpez-les : un demi-dos-devant, une poche et un rabat. Pliez le tissu en deux dans le sens du droit fil et épinglez dessus les différents morceaux du patron.

COUPEZ les pièces en double, mais une seule poche, en comptant 1 cm de marge pour les coutures et 2 cm pour les ourlets.

SUPERPOSEZ les deux parties du rabat de la poche, endroit contre endroit, et piquez tout le tour en laissant une ouverture. Retournez sur l'endroit, repassez et surpiquez à 0,1 cm du bord. Faites un rentré de 1 cm en haut de la poche et piquez. Marquez au fer le pli creux et piquez-le sur 2 cm de hauteur en partant du bas et 1 cm en partant du haut. Rentrez au fer la marge de couture autour de la poche, puis épinglez la poche sur la jambe droite, à cheval sur le milieu dos-devant, et piquez. Piquez le rabat en haut de la poche, en le faisant dépasser de 1 cm au-dessus de la poche. Cousez le bouton sur le rabat.

PIQUEZ les jambes du pantalon. Épinglez ensuite l'entrejambe et piquez. Ouvrez la couture au fer. Rabattez sur l'envers le rentré de la taille et épinglez un ourlet. Piquez en laissant une ouverture, puis passez l'élastique dans cette glissière pour ramener la taille à 25 cm et cousez ensemble ses deux extrémités.

FAITES un ourlet au bas du pantalon.

LES BOTTES

PHOTOCOPIEZ à 140 % les différents éléments du patron et découpez-les : une semelle, un dessus et une tige. Pliez la toile enduite en deux et épinglez dessus la tige et le dessus de la botte. Pliez la feutrine en deux et épinglez dessus la semelle.

COUPEZ les pièces comptant 1 cm de marge partout.

FERMEZ la pince devant des dessus, puis épinglez les dessus et les tiges, et piquez. Surpiquez à 1 mm de la couture.

PLIEZ un rentré en haut des tiges et piquez, puis fermez la couture dos des bottes. Assemblez aux semelles en faisant coïncider les repères dos et devant. Recoupez les semelles à 0,3 cm de la couture.

FABRIQUEZ la seconde botte de la même manière. Vous pouvez, si vous le désirez, passer en haut des bottes un morceau de cordon avec une grosse aiguille et faire un nœud sur le devant.

POUPÉES FÉES

POUPÉE FÉES

Fournitures

La robe étoiles (patron p. 140)

1 fat quarter de batiste blanche à étoiles argent
74 x 7 cm de batiste blanche
1 bouton cœur rose
25 cm d'élastique plat de 0,3 cm de large

Les ballerines (patron p. 118)

35 x 10 cm de feutrine rose
2 boutons étoiles roses
2 brins de coton perlé rose de 15 cm de long

Les barrettes

2 minibarrettes pour enfant
40 cm de dentelle rose fuchsia de 1 cm de large

La baguette magique (patron p. 140)

Plaque pailletée thermocollante
1 carré de tissu argenté de 5 cm de côté
15 cm de ruban argent de 0,3 cm de large
25 cm de fil argent
Pique à brochette fine
10 cm d'élastique argent de 0,5 cm de large

Les cupcakes (patron p. 140)

(pour 1 cupcake)
14 x 14 cm de coton à motif
20 x 7 cm de coton à petits pois
15 cm de croquet blanc
1 petit pompon rouge
Rembourrage synthétique

Les ailes papillon (patron p. 140)

30 x 20 cm d'organdi blanc
2 cure-pipes argent de 50 cm de long
34 cm d'élastique rond fin argent
1 échevette de Mouliné DMC argent
8 étoiles thermocollantes

La nappe

Tissus assortis à fleurs, à pois, à carreaux
37 x 37 cm de coton blanc fin pour doublure
20 x 13 cm de Liberty
Chute de feutrine verte

La robe japonaise (patron p. 141)

1 fat quarter de Liberty
50 cm de gros-grain rose fuchsia de 0,5 cm de large
1 petit bouton de nacre
1 échevette de Mouliné DMC fuchsia

Les chaussures roses (patron p. 118)

15 x 35 cm de feutrine rose
18 cm de biais en Liberty de 0,7 cm de large
2 petits boutons
2 petits boutons-pression en plastique

Le matériel

Épingles
Aiguilles à coudre et à broder
Fil à coudre rose, blanc et bleu
Colle

LA ROBE ÉTOILES

PHOTOCOPIEZ à 140 % les deux éléments du patron. Découpez-les : un demi-dos et un demi-devant.

PLIEZ le tissu en deux dans le sens du droit-fil et épinglez les patrons dessus, au ras de la pliure. Coupez, en comptant 1 cm de marge pour les coutures et 2 cm pour les ourlets.

SUPERPOSEZ le dos et le devant, endroit contre endroit, et piquez les côtés jusqu'au bas des emmanchures. Ouvrez les coutures au fer et faites un petit ourlet autour des emmanchures.

FAITES un petit ourlet sur une longueur du tissu uni pour obtenir un morceau de 74 x 3,5 cm, puis pliez-le en deux, endroit contre endroit, et assemblez les largeurs pour le fermer en rond. Épinglez ce volant sur le haut de la robe, en répartissant ses plis, côté non ourlé du volant contre le haut de la robe, et bâtissez ensemble les deux épaisseurs.

FAITES un ourlet autour de l'encolure avec les deux tissus ensemble, en laissant une ouverture. Passez l'élastique dans cet ourlet avec une petite épingle de nourrice de façon à ramener le tour de l'encolure à 24 cm. Cousez ensemble les deux extrémités de l'élastique et fermez l'ouverture.

FAITES un petit ourlet au bas de la robe. Cousez le bouton étoile sur le devant de la robe, sur le volant.

LES BALLERINES

PHOTOCOPIEZ à 140 % les deux éléments du patron d'une ballerine et découpez-les.

ÉPINGLEZ les pièces sur la feutrine puis coupez le tissu, en comptant une marge de 0,7 cm, sauf pour le haut de la ballerine, coupé au ras du patron.

ASSEMBLEZ ensuite les ballerines en suivant les explications des chaussures de la page 30, mais sans la bride.

RÉALISEZ deux petits nœuds avec le coton perlé et fixez-les sur le devant des ballerines, au milieu. Cousez un petit bouton étoile juste en dessous.

LES CUPCAKES

PHOTOCOPIEZ à 140 % les différentes pièces du patron et découpez-les : un dessus, un côté et un fond. Épinglez les pièces sur le tissu et coupez en comptant 1 cm de marge de couture : le fond et le côté dans le tissu à petits pois, le dessus dans le tissu à motif.

ASSEMBLEZ le dessus et le côté du cupcake, puis pliez en deux, endroit contre endroit, et piquez pour fermer en rond. Bâtissez ensuite le fond et cousez-le.

RETOURNEZ sur l'endroit, passez un fil de fronces en haut et remplissez de rembourrage synthétique.

TIREZ le fil de fronces doucement pour fermer le cupcake. Cousez le croquet autour du cupcake et le pompon sur le haut.

RÉALISEZ le second cupcake de la même manière.

LA BAGUETTE MAGIQUE

PHOTOCOPIEZ l'étoile à 140 % et découpez-la.

POSEZ ce gabarit sur la plaque pailletée thermocollante, tracez son contour au crayon et découpez.

RECOUPEZ la pique à brochette pour qu'elle fasse 16 cm de long et posez une de ses extrémités sur l'étoile, de façon qu'elle arrive au milieu. Disposez par-dessus le carré de tissu argenté, protégez le tout de papier sulfurisé et repassez pour fixer l'ensemble.

RECOUPEZ ensuite le tissu en suivant le contour de l'étoile.

NOUEZ le ruban et le fils argenté sur le manche, sous l'étoile. Nouez l'élastique à la base de la baguette de façon qu'il forme un bracelet pour accrocher la baguette au bras de la poupée.

LES AILES PAPILLON

PHOTOCOPIEZ le patron à 140 % et découpez-le. Pliez l'organdi en deux, épinglez le patron dessus et coupez le tissu en comptant 1 cm de marge.

MARQUEZ au fer sur l'envers un rentré de 1 cm autour de chaque aile, disposez un cure-pipe par-dessus, en laissant dépasser les extrémités de 3 cm à la jonction, et fixez le tout au point zigzag.

ENTORTILLEZ ensemble les extrémités des cure-pipes pour relier les ailes entre elles. Nouez les deux extrémités de l'élastique puis glissez l'élastique derrière la jonction des ailes et faites un nœud pour le fixer aux ailes.

BRODEZ les arabesques sur les ailes au point de bâti avec 2 brins de Mouliné argent en suivant le dessin du patron.

THERMOCOLLEZ les étoiles sur les ailes en protégeant l'ensemble avec du papier sulfurisé pour ne pas abîmer l'organdi.

LA NAPPE

COUPEZ 25 carrés de 9 cm de côté dans les tissus (une marge de couture de 1 cm est comprise dans ces mesures). Assemblez ces carrés par bandes de 5 carrés et repassez ces bandes de façon à rabattre les coutures dans le même sens.

ASSEMBLEZ ensuite les bandes entre elles pour former un grand carré et rabattez les coutures dans le même sens.

COUPEZ un carré de même taille dans la toile blanche pour la doublure. Superposez la doublure et le patchwork, endroit contre endroit, et cousez-les ensemble sur tout le tour en laissant une ouverture.

RETOURNEZ sur l'endroit, repassez et fermez l'ouverture à petits points à la main. Surpiquez le tour de la nappe à 0,1 cm des bords.

LA ROBE JAPONAISE

PHOTOCOPIEZ à 120 % les différents éléments du patron et découpez-les : un demi-devant corsage, un demi-dos corsage, un demi-devant et un demi-dos. Positionnez les morceaux du patron sur le tissu, les demi-devant et demi-dos de la jupe positionnés au ras de la pliure, et coupez les pièces en comptant 1 cm de marge pour les coutures et 2 cm pour les ourlets. Pour l'encolure, qui sera bordée d'un gros-grain, coupez au ras du patron.

BÂTISSEZ le pli sur chaque demi-devant du corsage, puis assemblez le dos et le devant du corsage par les coutures des épaules. Faites un ourlet de chaque côté de l'ouverture dos et cousez un gros-grain autour de l'encolure.

CROISEZ les devants du corsage et bâtissez-les ensemble, puis assemblez-les avec le devant de la jupe.

BÂTISSEZ le dos du corsage et le dos de la jupe et assemblez-les. Faites un ourlet autour des emmanchures. Piquez ensuite les côtés de la robe puis faites un ourlet en bas.

COUSEZ un petit bouton blanc en haut de l'ouverture du dos et réalisez une bride en vis-à-vis avec le coton à broder.

CONFECTIONNEZ un petit nœud décoratif en gros-grain et cousez-le sur le devant de la robe.

LES CHAUSSURES

PHOTOCOPIEZ à 140 % le patron de la semelle et du dessus d'une chaussure et découpez les morceaux. Épinglez les pièces sur la feutrine puis coupez le tissu, en laissant 0,7 cm de marge pour les coutures, sauf pour l'ouverture, que vous coupez à ras.

SURPIQUEZ l'ouverture, puis fermez le dessus de la chaussure par une couture. Ouvrez la couture, bâtissez la semelle en faisant correspondre son milieu avec le milieu du dessus, puis piquez à la machine. Recoupez la feutrine à 0,3 cm de la couture et retournez la chaussure.

COUPEZ en deux le biais en Liberty pour réaliser les brides. Cousez une extrémité de chaque bride sur un côté de la chaussure, à l'intérieur.

FIXEZ une partie d'un bouton-pression à l'autre extrémité de la bride, surmonté d'un petit bouton décoratif, l'autre partie du bouton-pression sur la chaussure, en vis-à-vis.

FABRIQUEZ la seconde chaussure de la même manière, à la seule différence que la bride et le bouton-pression sont inversés.

LES BARRETTES

COUPEZ la dentelle en deux et faites-en deux nœuds plats décoratifs.

COLLEZ soigneusement un nœud sur chaque barrette.

POUR PARTIR EN VOYAGE

Fournitures

Valise en carton
Tissu à pois
Tissu à carreaux
Tissu à étoiles
Élastique de 0,3 cm de large

Tuteur en bois
Ouatine thermocollante
Coton blanc pour doublure
Ruban en satin
Carton blanc de 0,2 cm d'épaisseur

PRENEZ les mesures du couvercle, de la profondeur et du fond de la valise, et faites un patron réunissant les trois parties. Coupez une pièce dans la ouatine thermocollante, au ras du patron, et une autre dans le tissu à pois, en ajoutant 1 cm de marge partout. Avec le fer à repasser, fixez la ouatine au dos du tissu à pois.

COUPEZ deux poches dans le tissu à carreaux et dans le tissu à étoiles, 6 cm plus larges que la valise et de la hauteur de la profondeur.

BÂTISSEZ en bas des poches 4 plis de 1 cm régulièrement répartis sur la longueur des poches puis bâtissez un rentré de 1 cm sur toute la longueur. Faites des ourlets en haut et glissez-y les élastiques.

COUPEZ un rectangle de ouatine de 3 cm de haut et de même largeur que la valise. Thermocollez-le sur le tissu étoilé et recoupez en laissant une marge de couture. Pliez la bande en deux dans le sens de la longueur, endroit contre endroit, piquez tout le long et retournez. Coupez un tuteur de 2 cm plus petit que la largeur de la valise et glissez-le dans la bande.

COUPEZ une doublure blanche en vous servant de l'intérieur à pois comme patron.

BÂTISSEZ le bas des poches et la tringle sur le tissu à pois, puis piquez. Tendez l'élastique pour ramener les poches à la largeur de la valise, et fixez-les de chaque côté par quelques points à la main. Bâtissez les côtés des poches. Faites une couture horizontale au milieu pour diviser les poches en deux.

POSEZ le tissu à pois et sa doublure endroit contre endroit et piquez le tour en laissant une largeur ouverte au niveau du fond de la valise. Retournez sur l'endroit et repassez l'ensemble légèrement.

COUPEZ trois morceaux dans le carton aux dimensions du couvercle, de la profondeur et du fond de la valise. Glissez le carton du couvercle entre le tissu à pois et sa doublure et mettez-le en place, puis faites une piqûre au niveau de la charnière de façon à prendre ensemble les deux épaisseurs de tissu. Procédez de la même manière pour la profondeur puis pour le fond de la valise, et fermez l'ouverture à la main.

RÉALISEZ un nœud dans le ruban en satin et cousez-le en haut du couvercle.

POSITIONNEZ l'habillage dans la valise et fixez-le au couvercle par quelques points sur les piqûres existantes de la valise.

UNE VRAIE GARDE-ROBE

Tous les patrons sont à agrandir à 140 % (excepté les vêtements des poupées Ballerine et petite Poupée fée, à 120 %). Les premiers chiffres correspondent aux pages d'explications, les seconds, en gras, aux pages de patrons. Vous pouvez réaliser une tenue complète comme celles présentées dans ce livre ou bien confectionner votre propre panoplie en piochant une robe ici, des chaussures là, un chapeau ailleurs et des accessoires assortis.

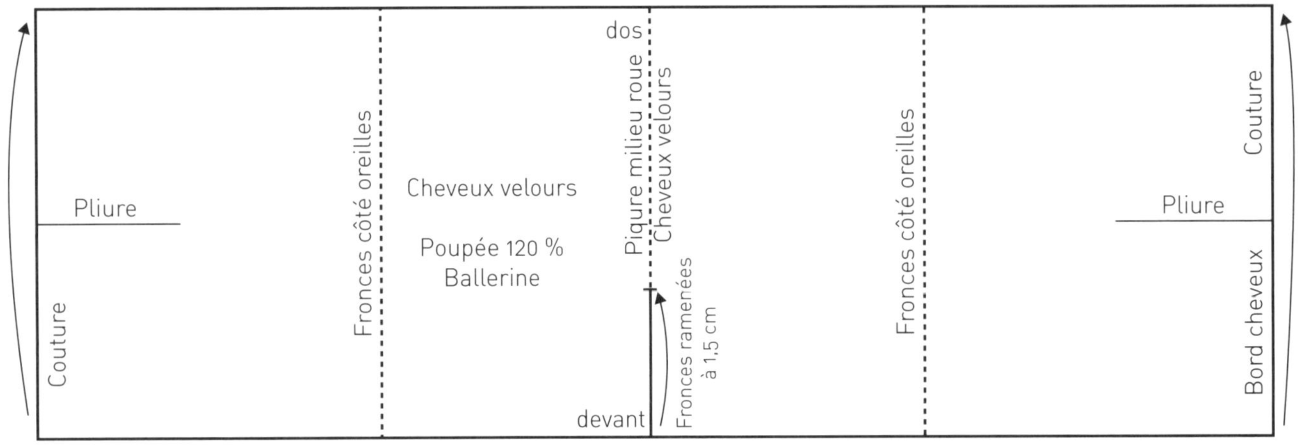
dos
Piqure milieu roue
Cheveux velours
Fronces côté oreilles
Cheveux velours
Poupée 120 %
Ballerine
Pliure
Couture
Fronces ramenées
à 1,5 cm
devant
Fronces côté oreilles
Couture
Pliure
Bord cheveux

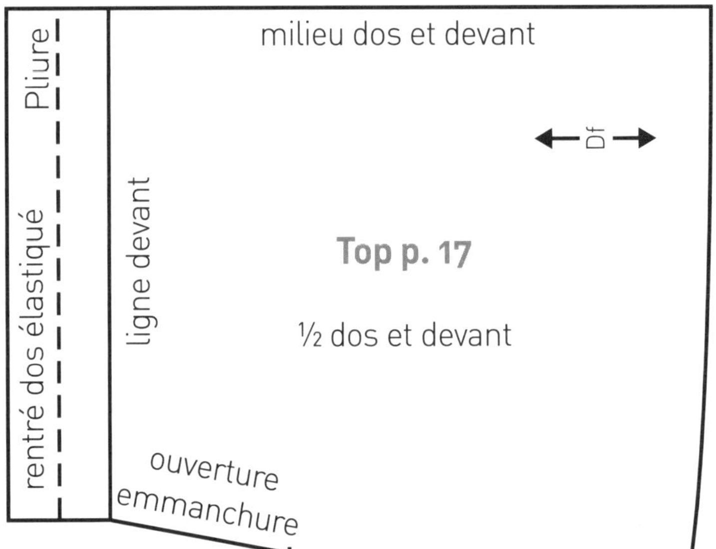
milieu dos et devant
Pliure
rentré dos élastiqué
ligne devant
Df
Top p. 17
½ dos et devant
ouverture
emmanchure

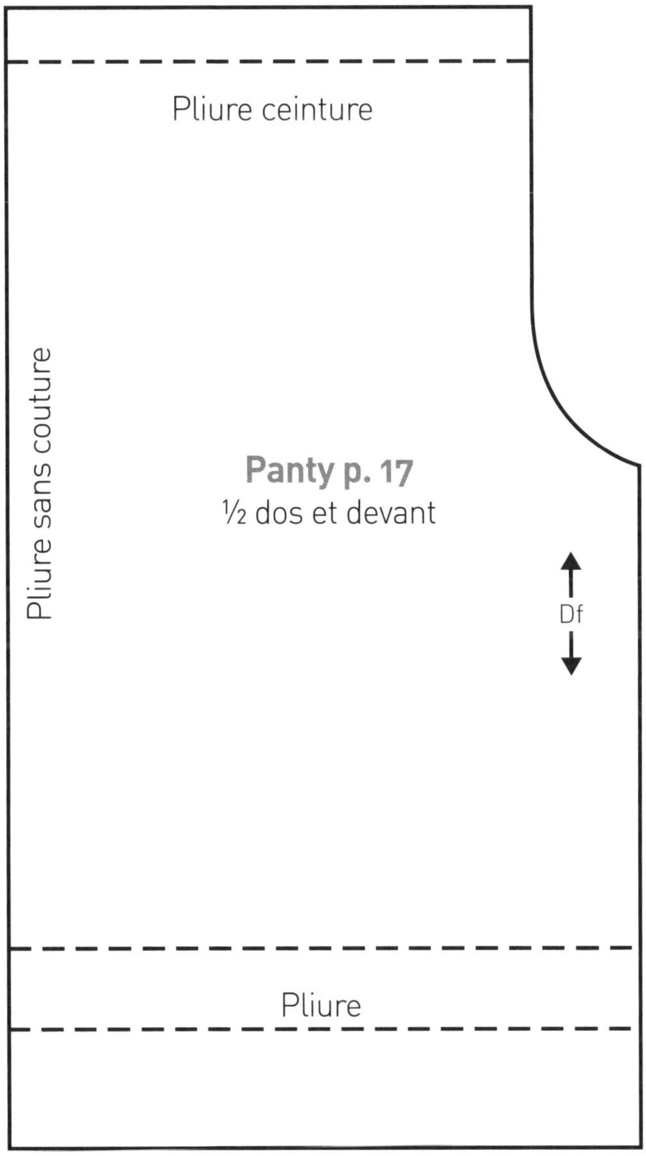
Pliure ceinture
Pliure sans couture
Panty p. 17
½ dos et devant
Df
Pliure

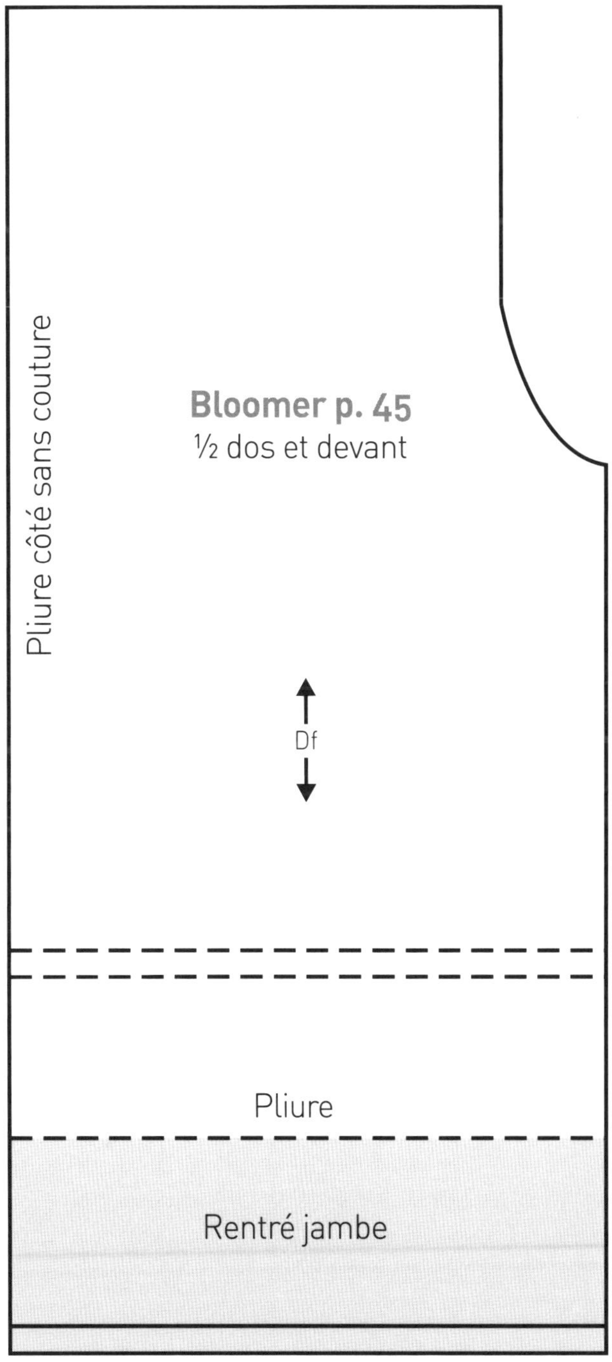
Pliure côté sans couture
Bloomer p. 45
½ dos et devant
Df
Pliure
Rentré jambe

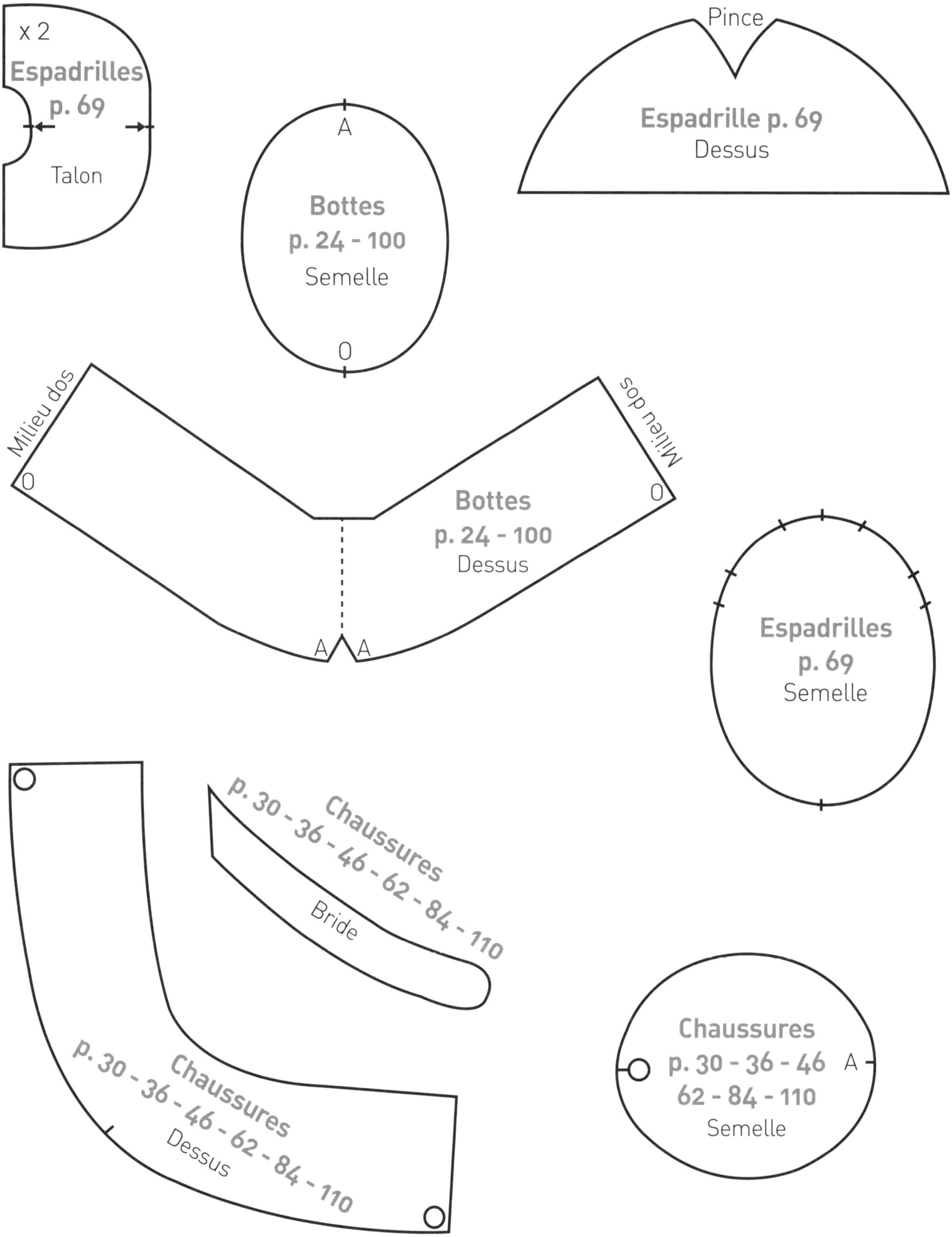
x 2
Espadrilles
p. 69
Talon
Pince
Espadrille p. 69
Dessus
A
Bottes
p. 24 - 100
Semelle
O
Milieu dos
O
Milieu dos
O
Bottes
p. 24 - 100
Dessus
A
A
Espadrilles
p. 69
Semelle
Chaussures
p. 30 - 36 - 46 - 62 - 84 - 110
Bride
Chaussures
p. 30 - 36 - 46 - 62 - 84 - 110
Dessus
Chaussures
p. 30 - 36 - 46
62 - 84 - 110
Semelle
A

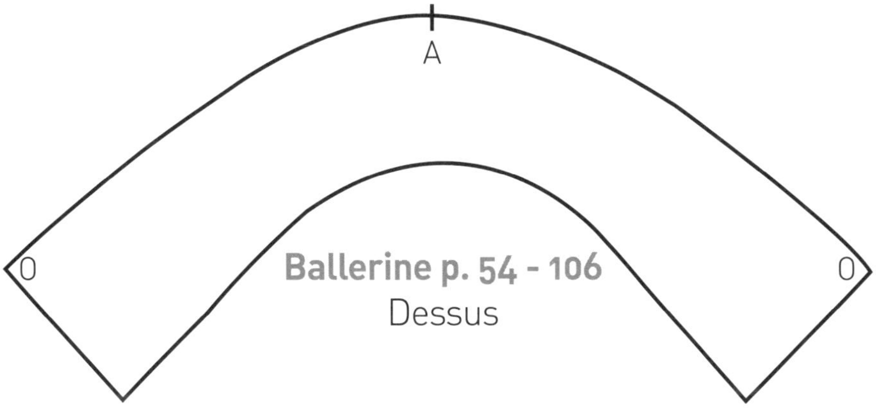
A
O
O
Ballerine p. 54 - 106
Dessus

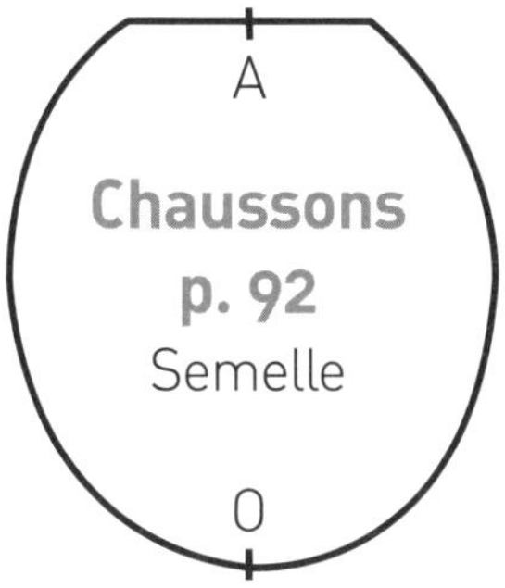
A
Chaussons
p. 92
Semelle
O

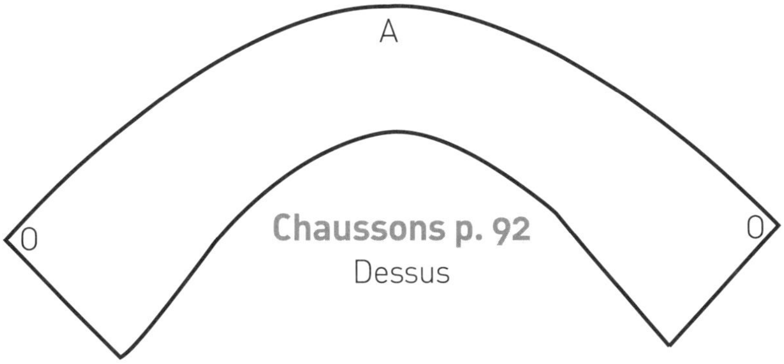
A
O
O
Chaussons p. 92
Dessus

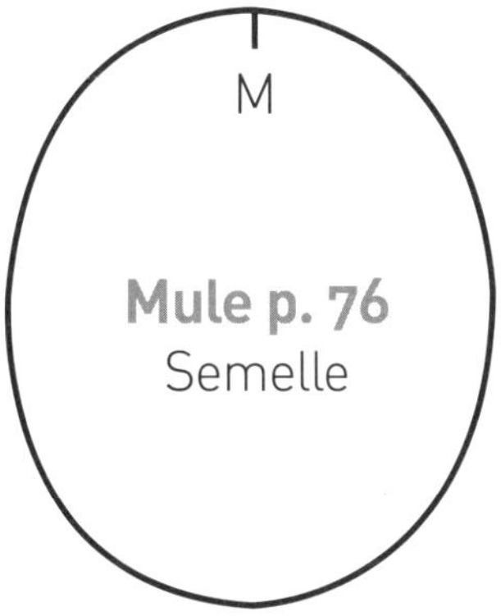
M
Mule p. 76
Semelle

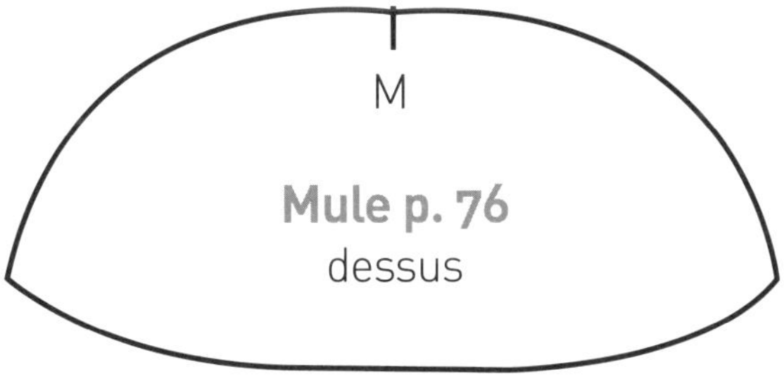
M
Mule p. 76
dessus

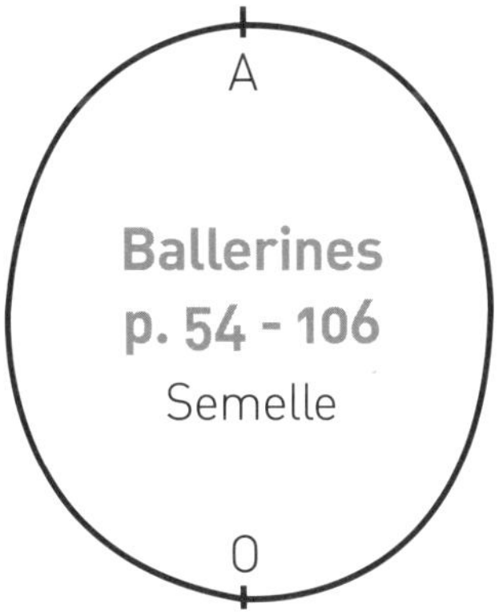
A
Ballerines
p. 54 - 106
Semelle
O

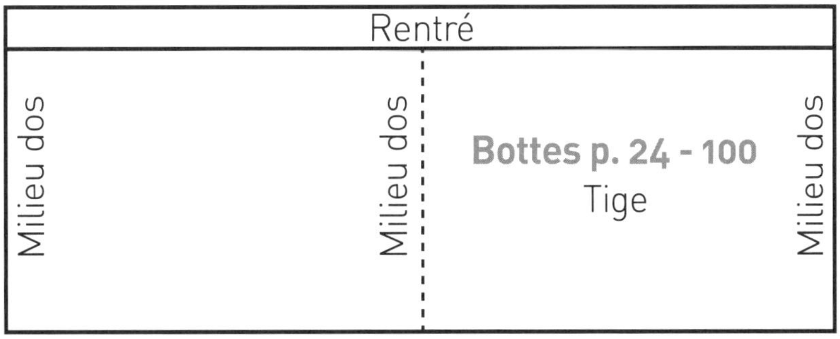
Rentré
Milieu dos
Milieu dos
Bottes p. 24 - 100
Tige
Milieu dos

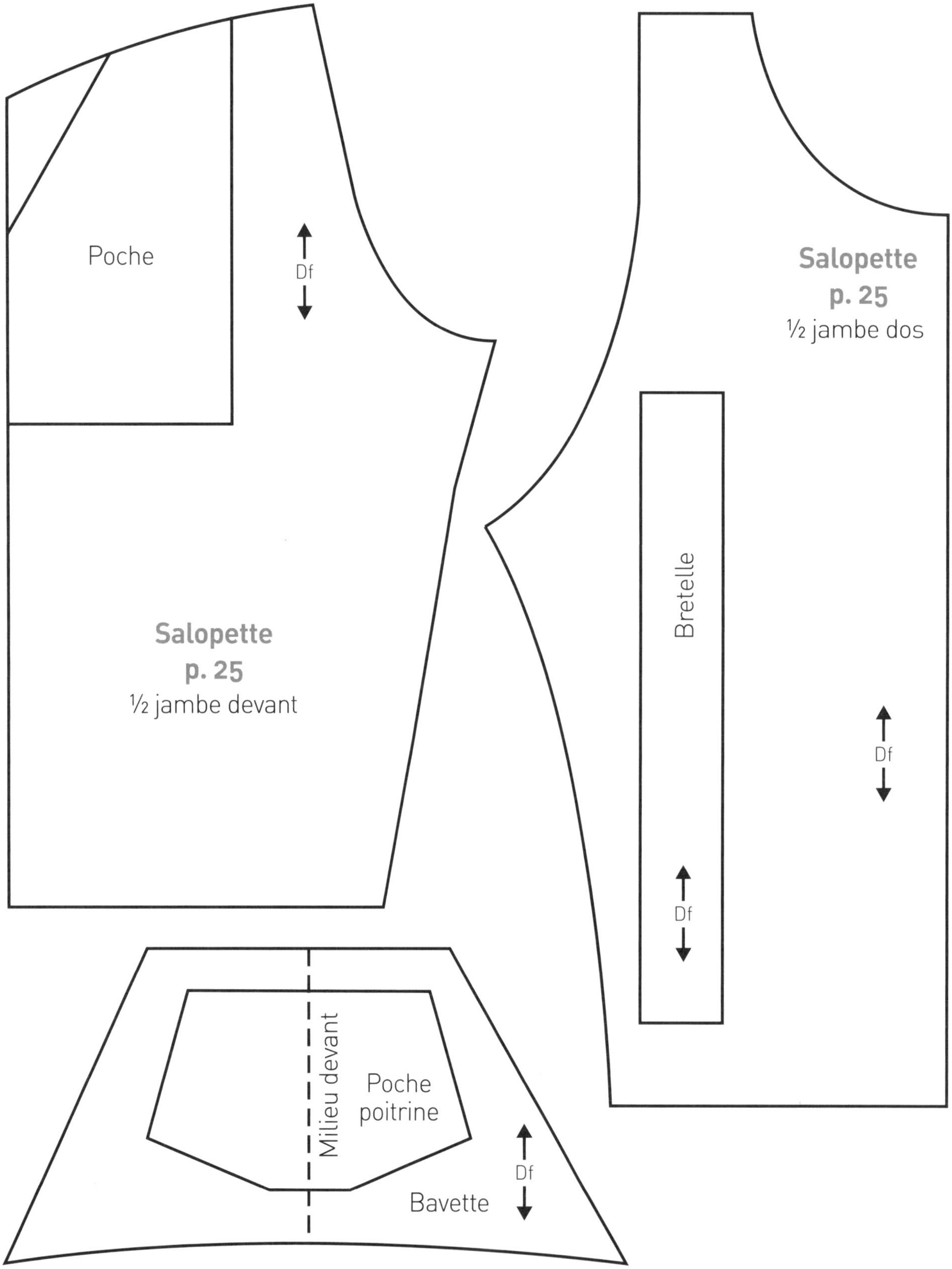
Poche
Df
Salopette
p. 25
½ jambe devant
Salopette
p. 25
½ jambe dos
Bretelle
Df
Df
Milieu devant
Poche
poitrine
Df
Bavette

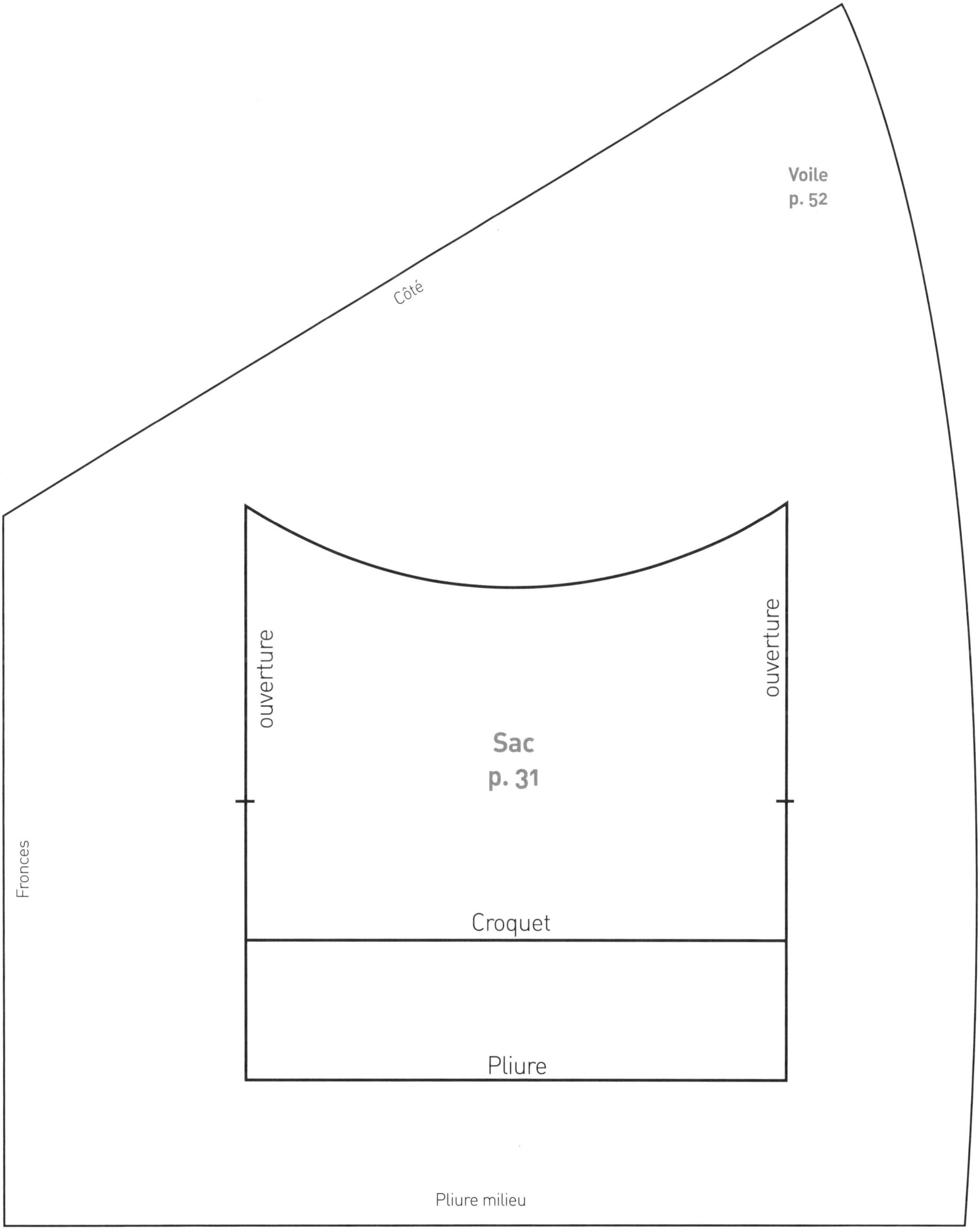
Voile
p. 52
Côté
Fronces
ouverture
ouverture
Sac
p. 31
Croquet
Pliure
Pliure milieu

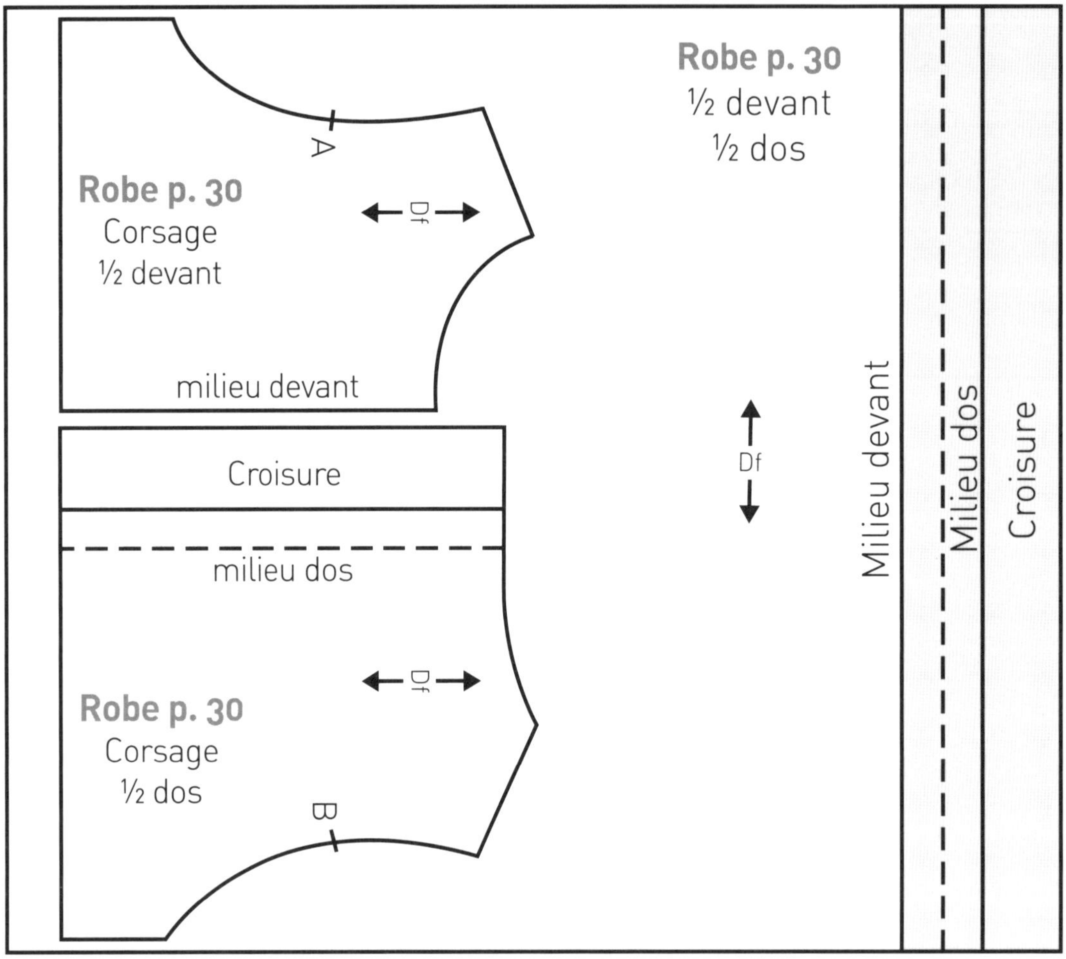
Robe p. 30
½ devant
½ dos
Robe p. 30
Corsage
½ devant
A
Df
milieu devant
Croisure
milieu dos
Df
Robe p. 30
Corsage
½ dos
B
Df
Milieu devant
Milieu dos
Croisure

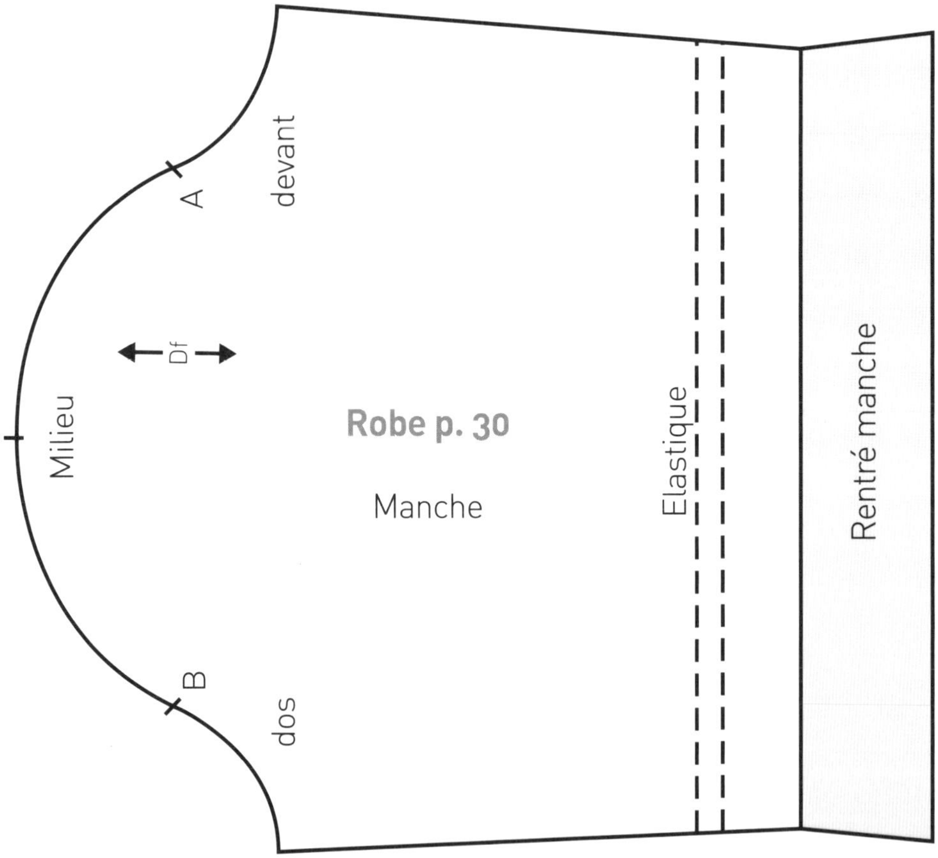
Robe p. 30
Manche
devant
A
Df
Milieu
B
dos
Elastique
Rentré manche

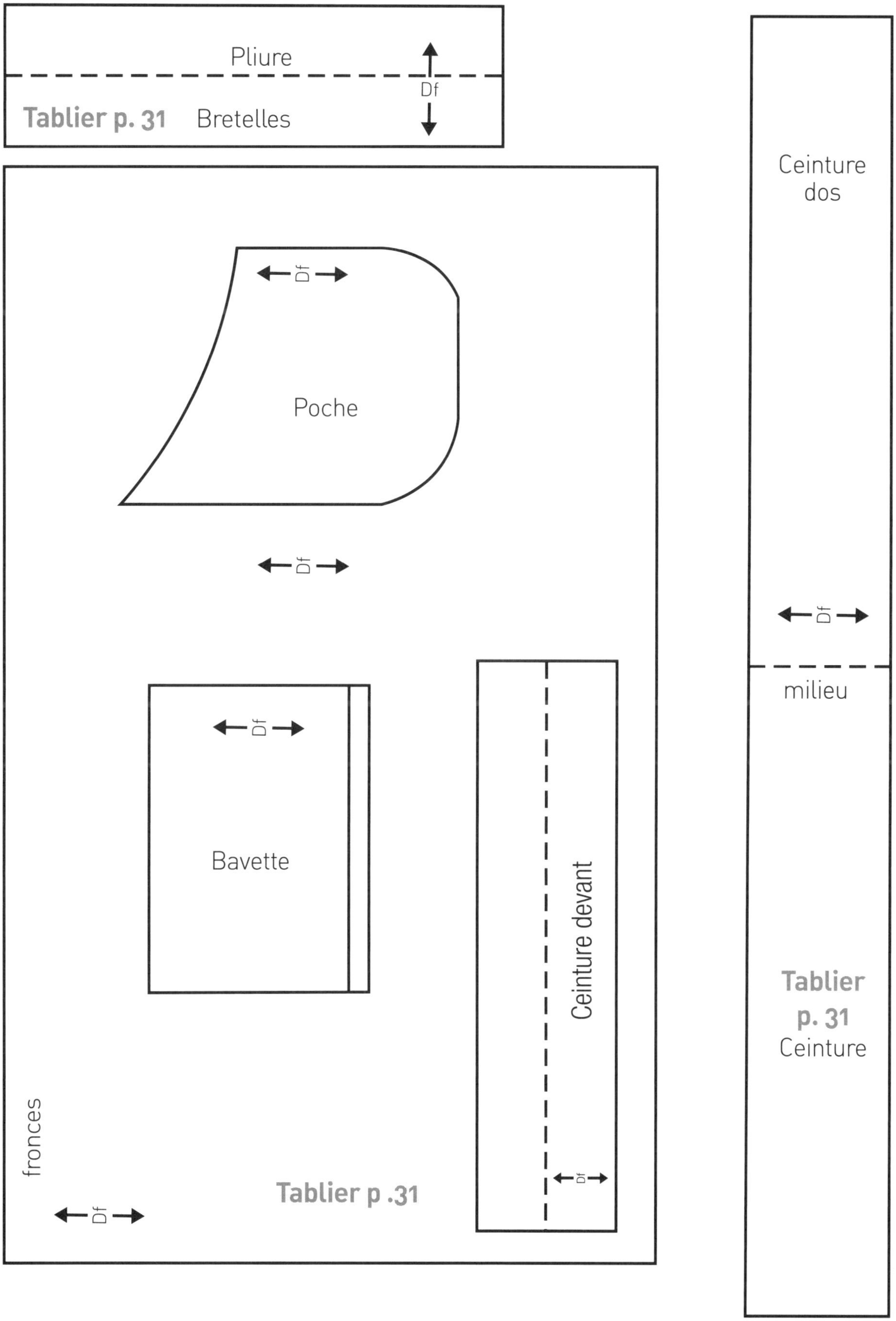
Pliure
Df
Tablier p. 31
Bretelles
Ceinture
dos
Df
Poche
Df
Df
milieu
Bavette
Ceinture devant
Tablier
p. 31
Ceinture
fronces
Tablier p .31
Df
Df

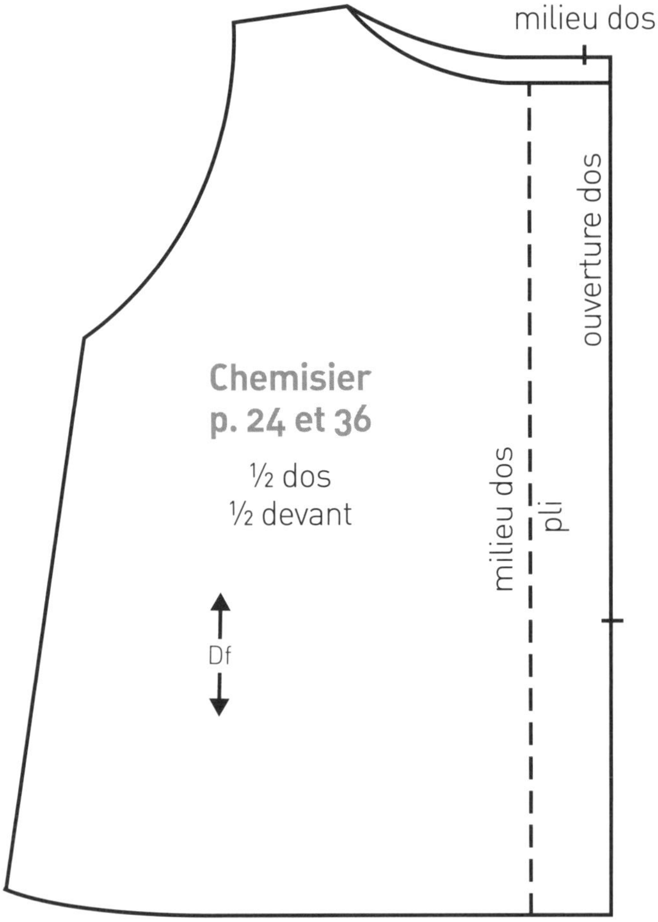
milieu dos
ouverture dos
Chemisier
p. 24 et 36
½ dos
½ devant
milieu dos
pli
Df

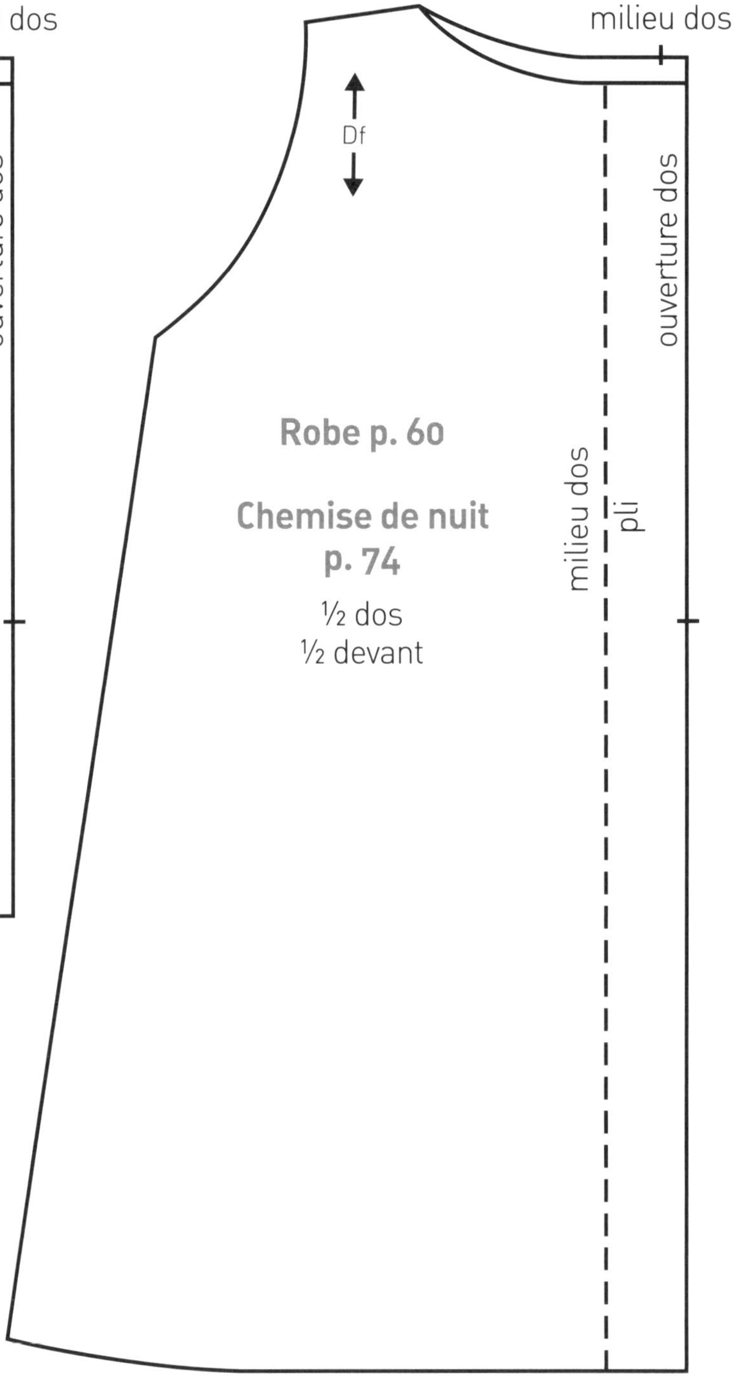
milieu dos
Df
ouverture dos
Robe p. 60
Chemise de nuit
p. 74
½ dos
½ devant
milieu dos
pli

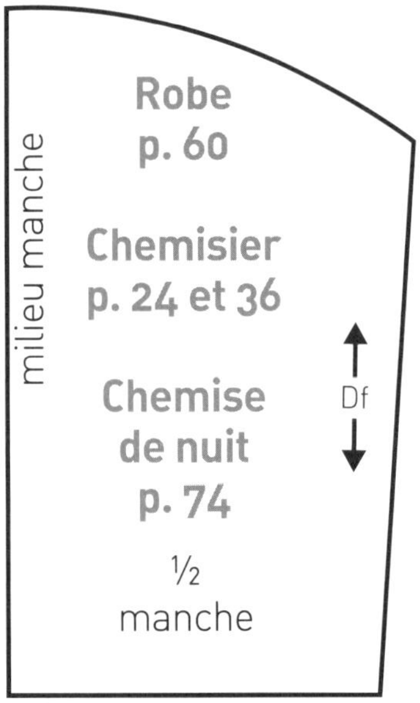
milieu manche
Robe
p. 60
Chemisier
p. 24 et 36
Chemise
de nuit
p. 74
½
manche
Df

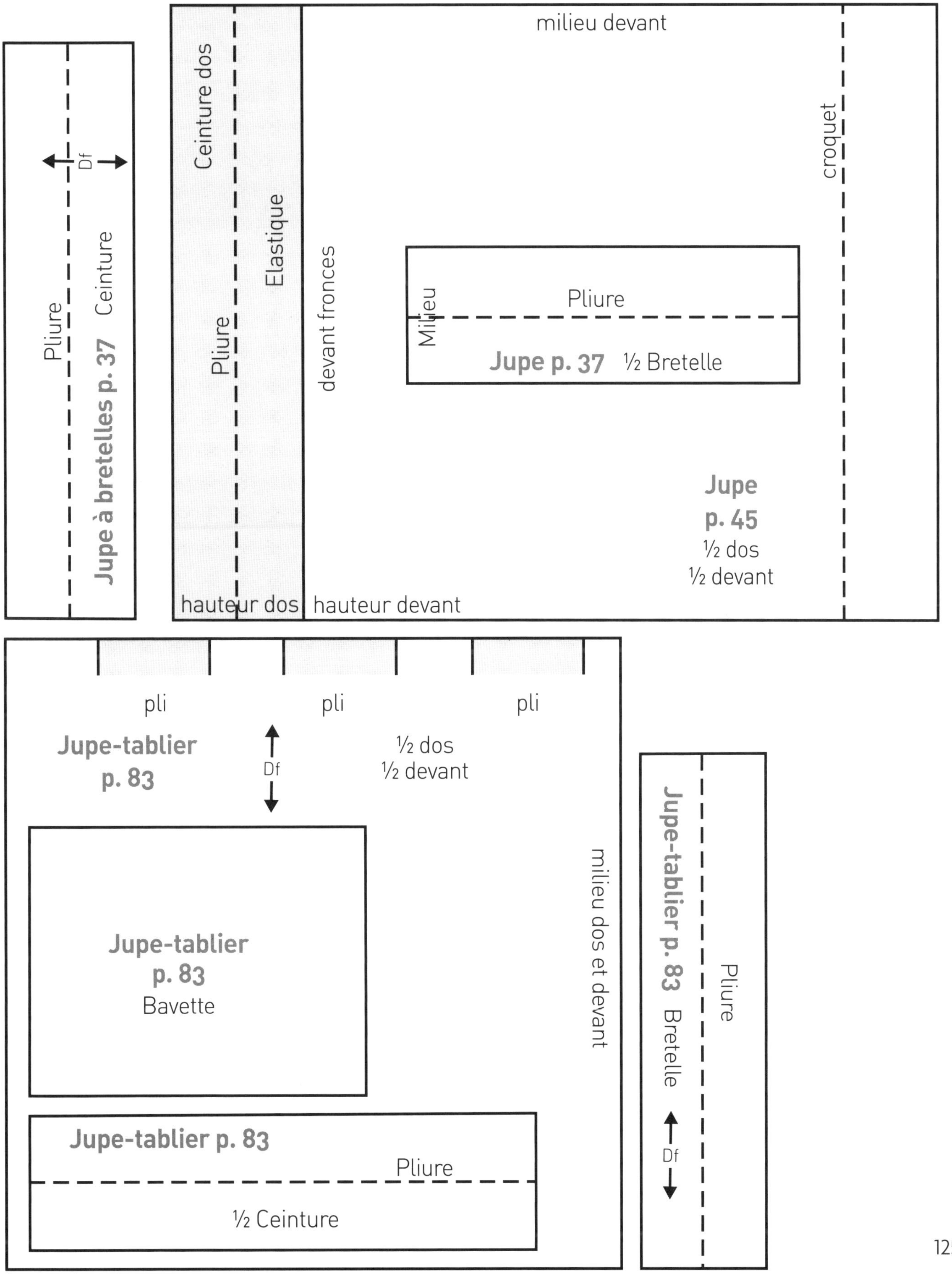
Jupe à bretelles p. 37
Ceinture
Pliure
Df
Ceinture dos
Pliure
Elastique
devant fronces
hauteur dos
hauteur devant
milieu devant
croquet
Jupe p. 37
½ Bretelle
Pliure
Milieu
Jupe
p. 45
½ dos
½ devant
pli
pli
pli
Jupe-tablier
p. 83
Df
½ dos
½ devant
milieu dos et devant
Jupe-tablier
p. 83
Bavette
Jupe-tablier p. 83
Pliure
½ Ceinture
Jupe-tablier p. 83
Bretelle
Pliure
Df

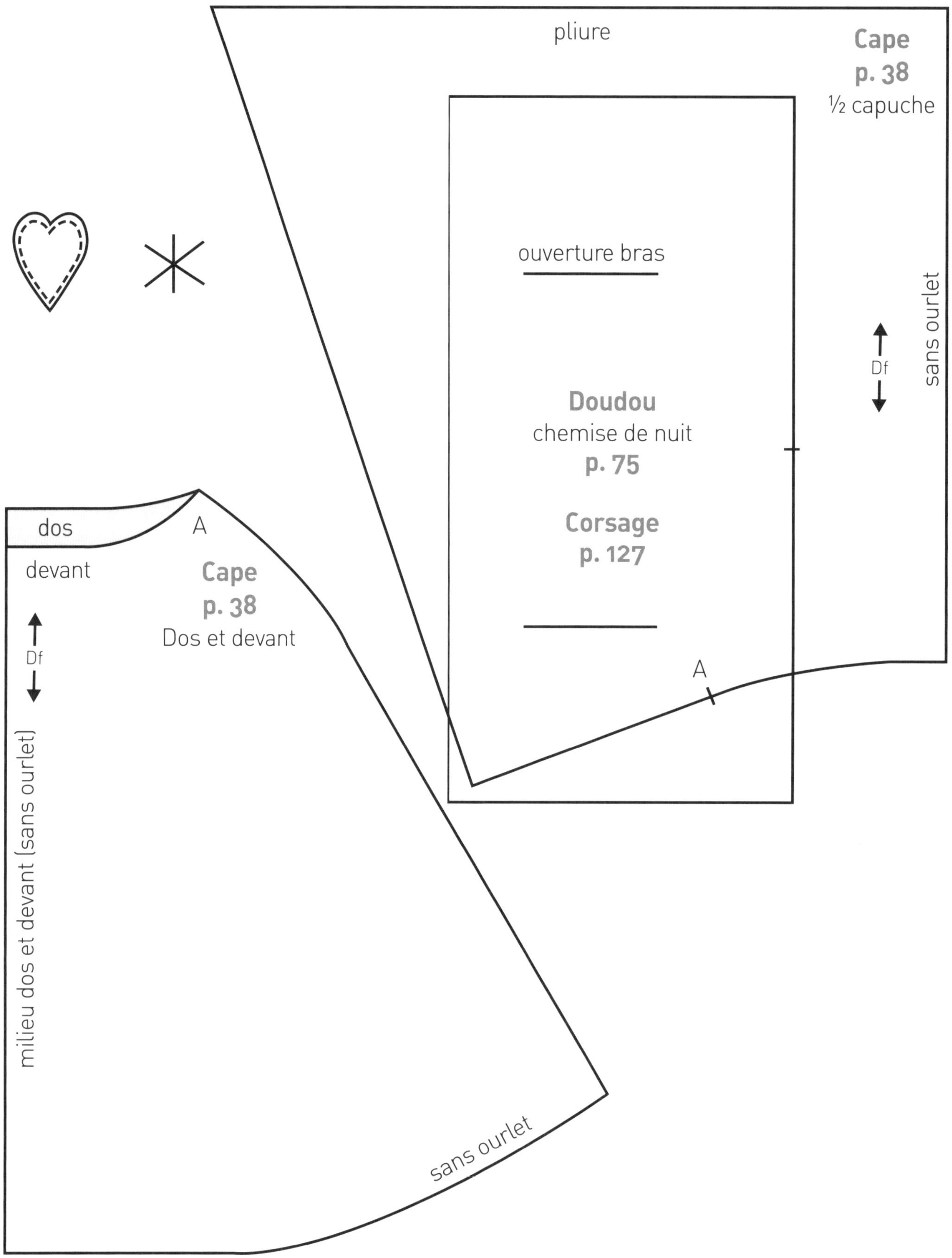
pliure
Cape
p. 38
½ capuche
sans ourlet
Df
ouverture bras
Doudou
chemise de nuit
p. 75
Corsage
p. 127
A
dos
devant
A
Cape
p. 38
Dos et devant
Df
milieu dos et devant (sans ourlet)
sans ourlet

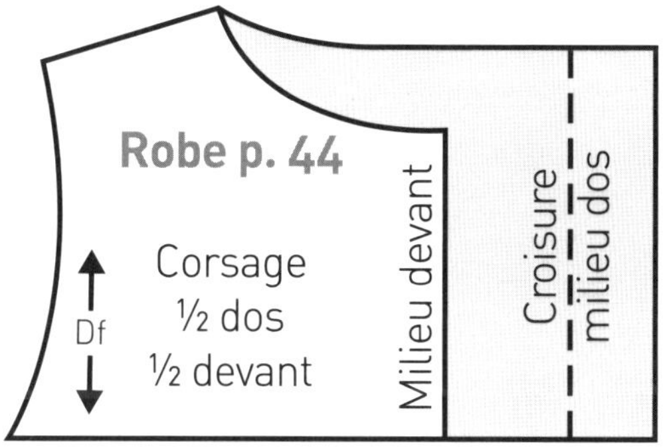
Robe p. 44
Corsage
½ dos
½ devant
Df
Milieu devant
Croisure
milieu dos

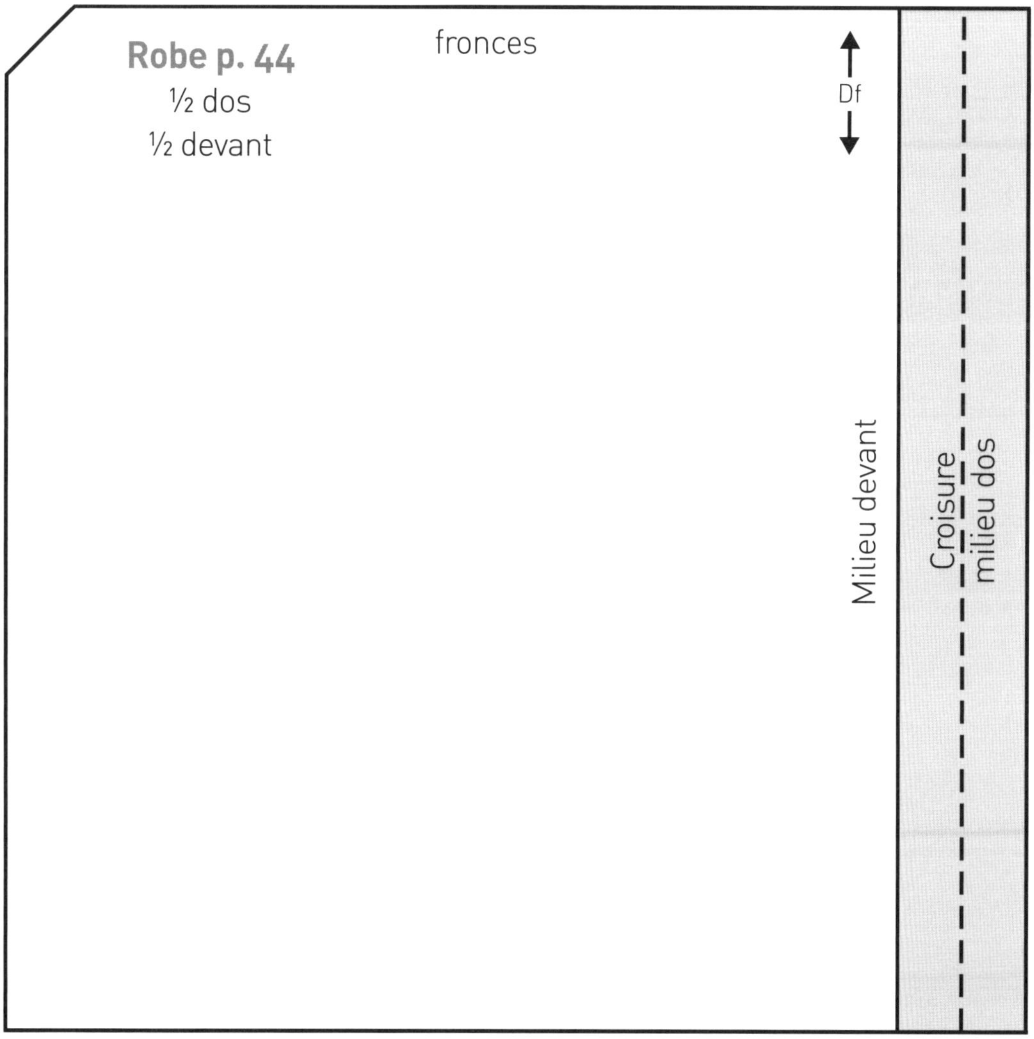
Robe p. 44
½ dos
½ devant
fronces
Df
Milieu devant
Croisure
milieu dos

Milieu devant
Df
fronces
Charlotte p. 46
½ Tour de tête
Elastique
Milieu dos

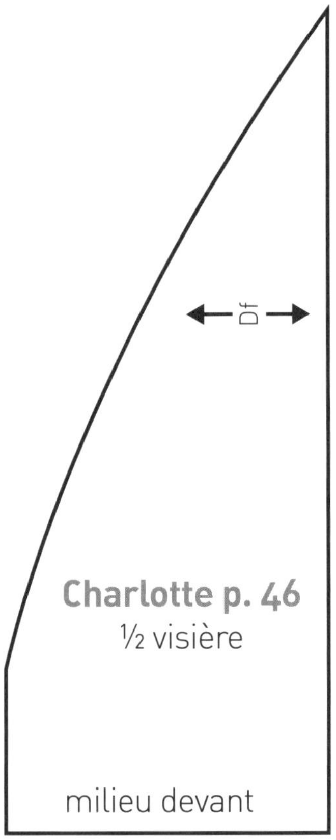
Df
Charlotte p. 46
½ visière
milieu devant

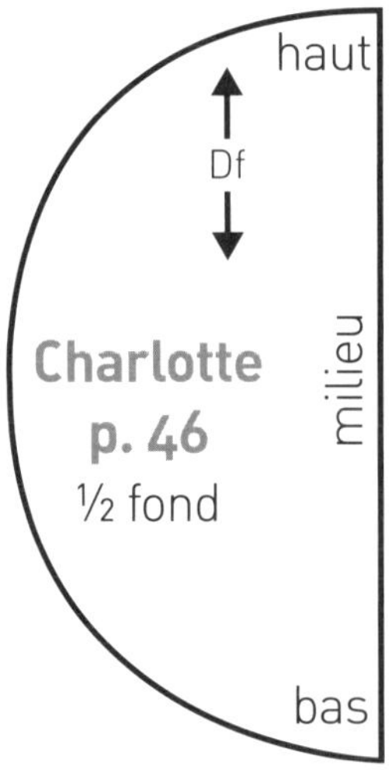
haut
Df
Charlotte
p. 46
½ fond
milieu
bas

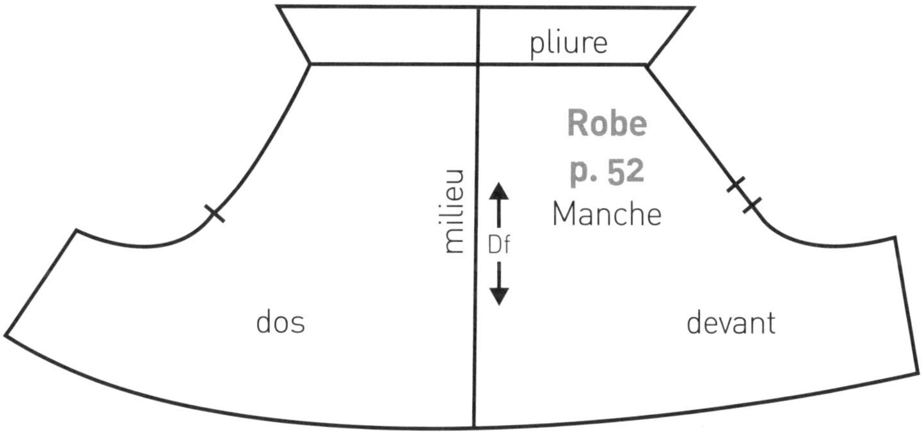
pliure
Robe
p. 52
Manche
milieu
Df
dos
devant

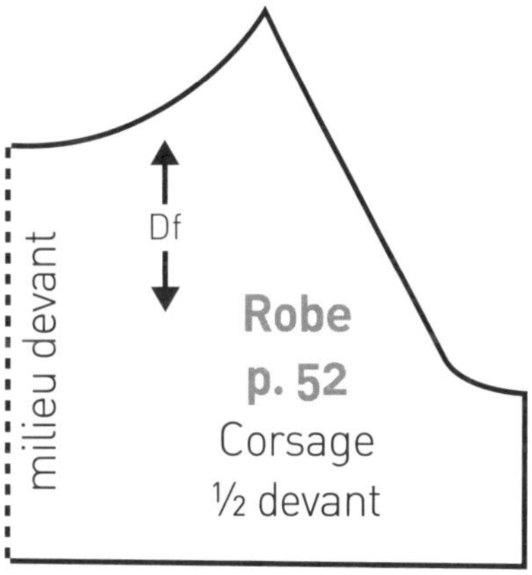
Df
milieu devant
Robe
p. 52
Corsage
½ devant

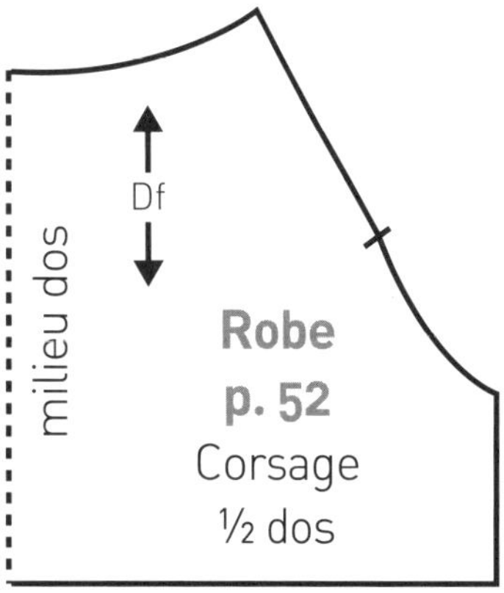
Df
milieu dos
Robe
p. 52
Corsage
½ dos

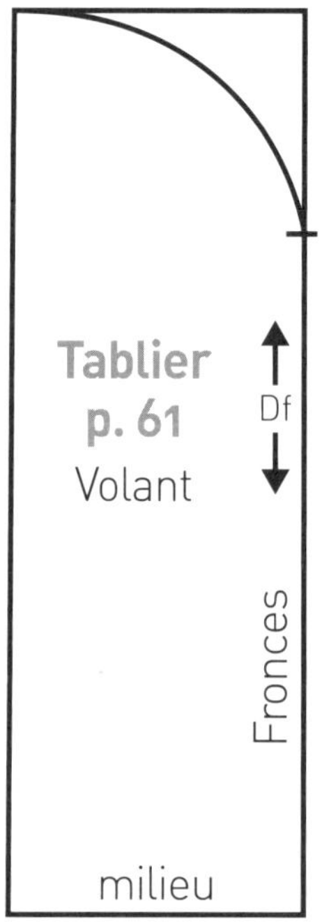
Tablier
p. 61
Volant
Df
Fronces
milieu

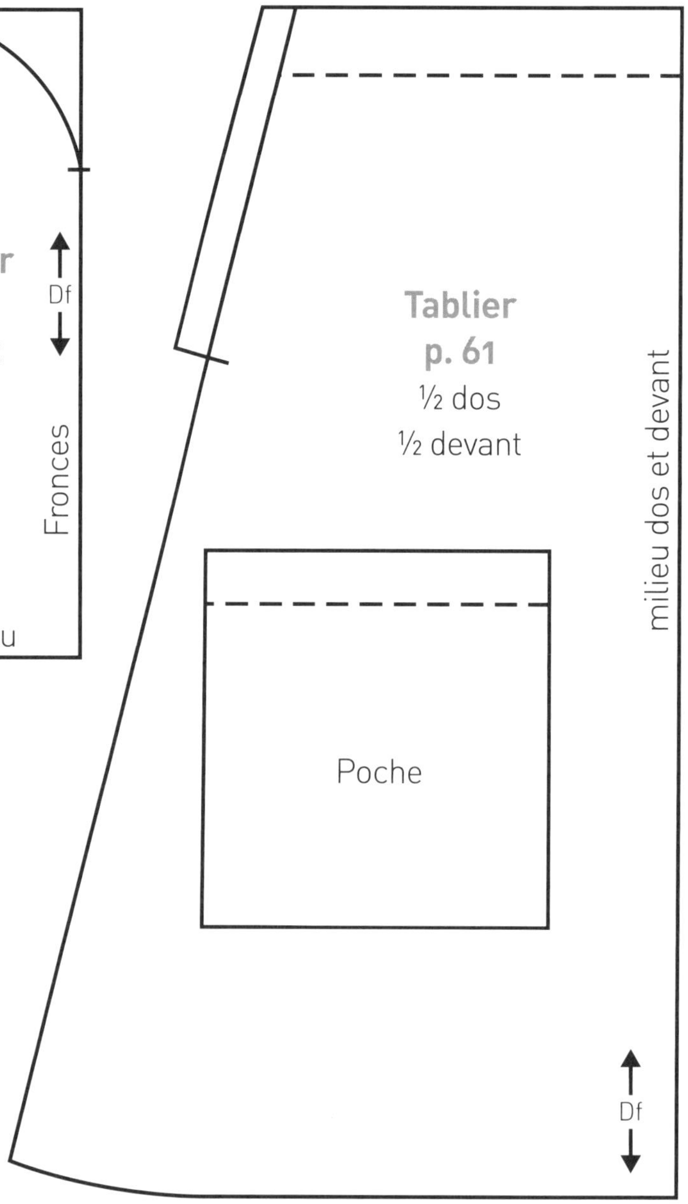
Tablier
p. 61
½ dos
½ devant
milieu dos et devant
Poche
Df

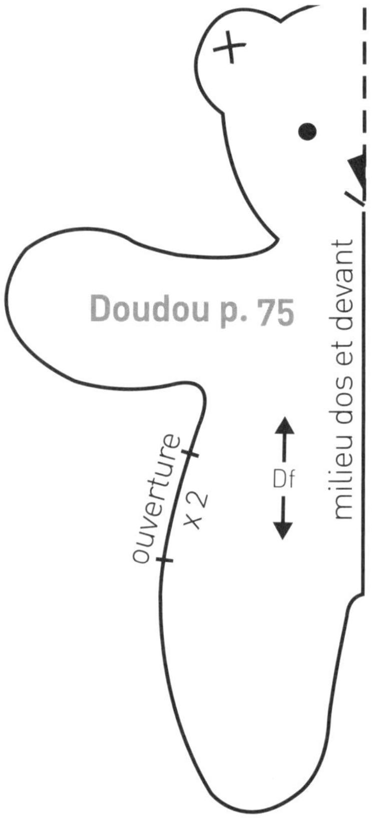
Doudou p. 75
milieu dos et devant
ouverture
x 2
Df

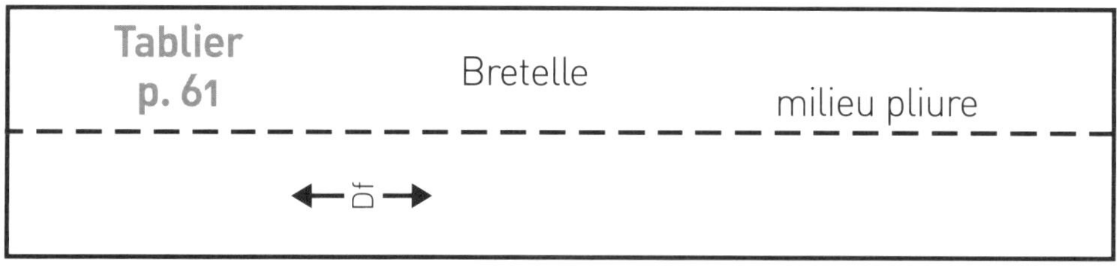
Tablier
p. 61
Bretelle
milieu pliure
Df

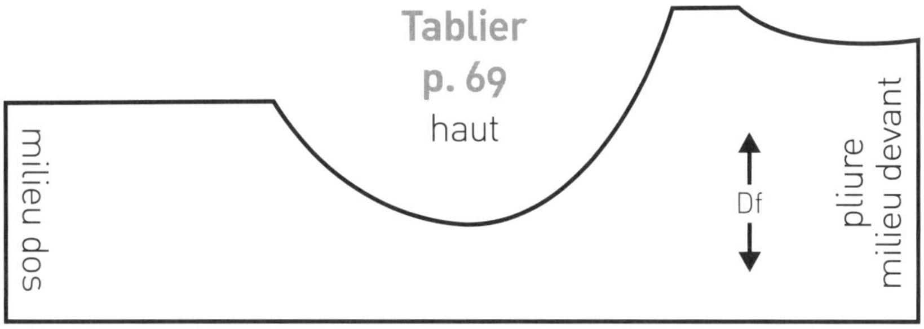
Tablier
p. 69
haut
milieu dos
Df
pliure
milieu devant

Tablier p. 60
pliure
Bretelle
Df

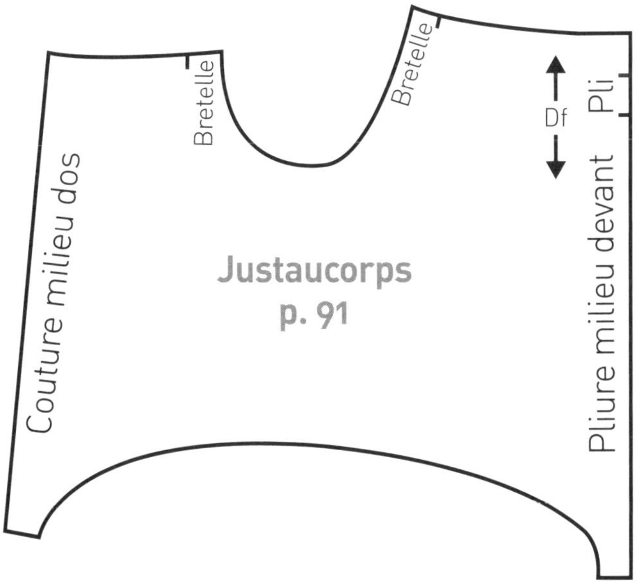
Bretelle
Bretelle
Df
Pli
Couture milieu dos
Justaucorps
p. 91
Pliure milieu devant

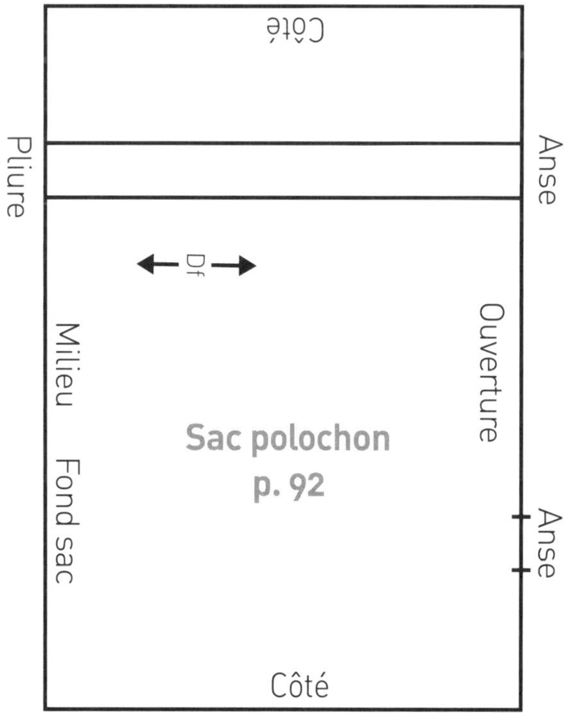
Côté
Pliure
Anse
Df
Milieu
Fond sac
Sac polochon
p. 92
Ouverture
Anse
Côté

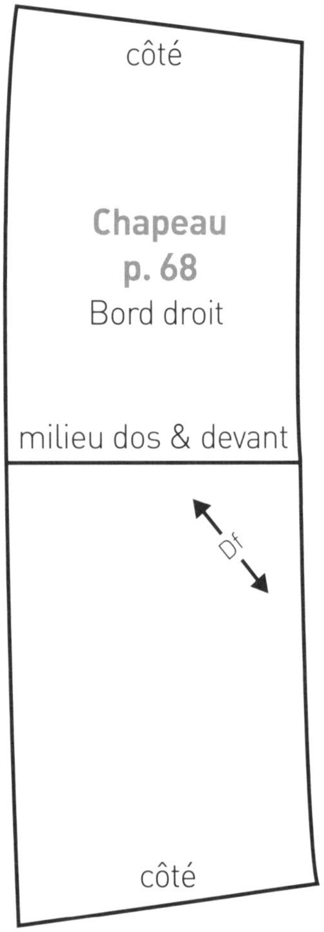
côté
Chapeau
p. 68
Bord droit
milieu dos & devant
Df
côté

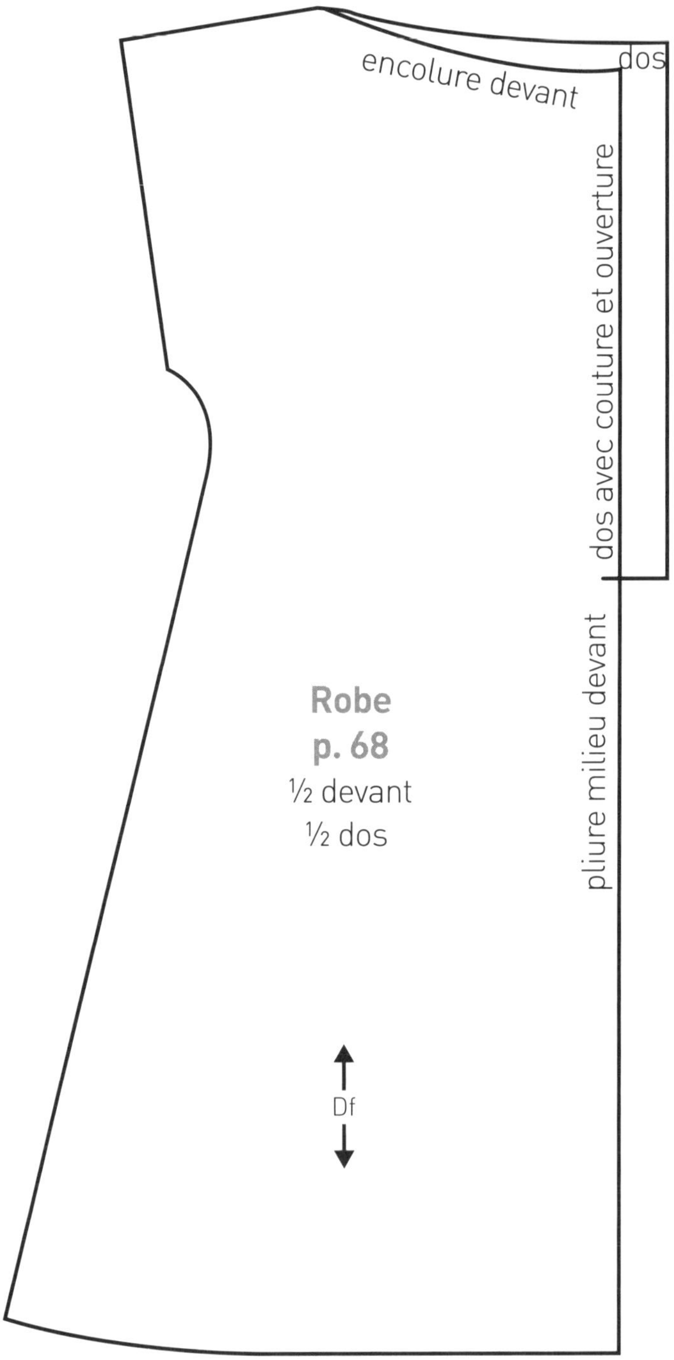
encolure devant
dos
dos avec couture et ouverture
pliure milieu devant
Robe
p. 68
½ devant
½ dos
Df

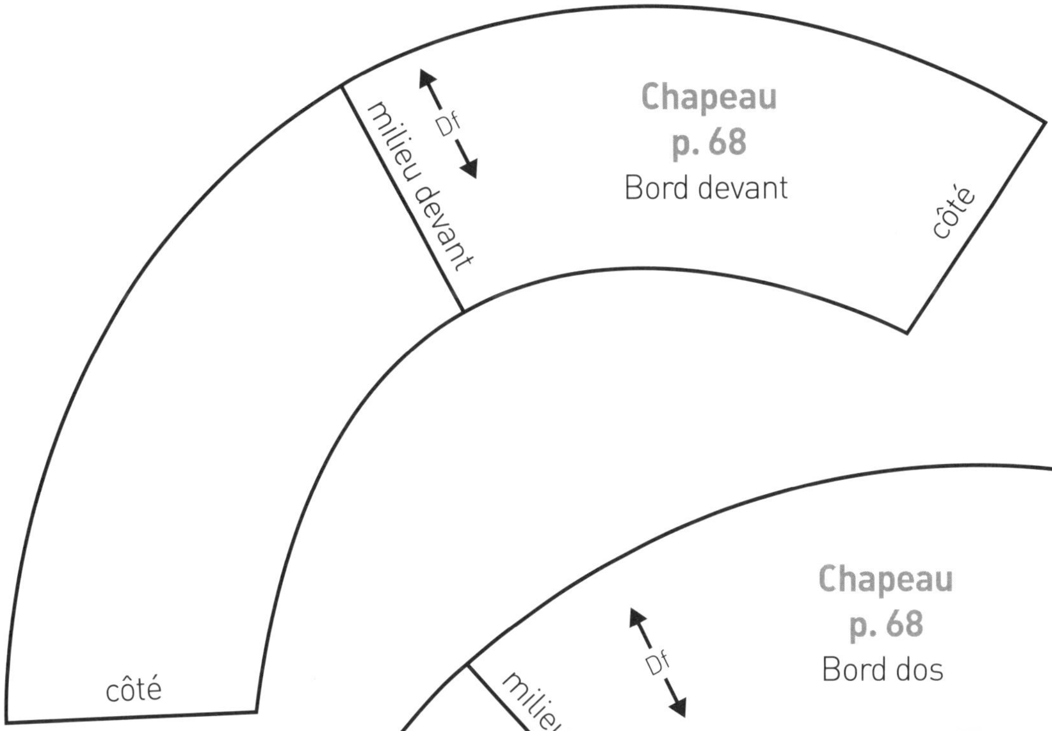
Chapeau
p. 68
Bord devant
milieu devant
Df
côté
côté

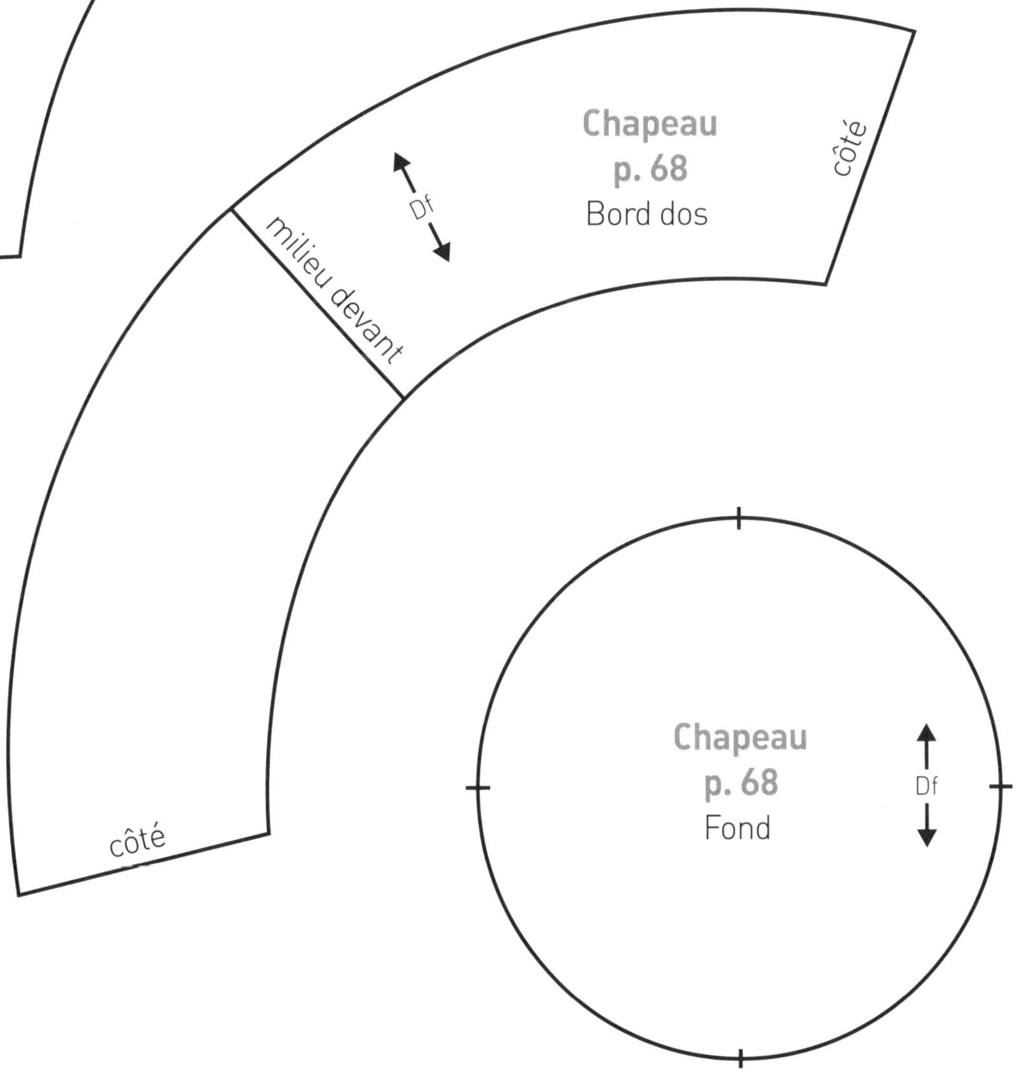
Chapeau
p. 68
Bord dos
milieu devant
Df
côté
côté
Chapeau
p. 68
Fond
Df

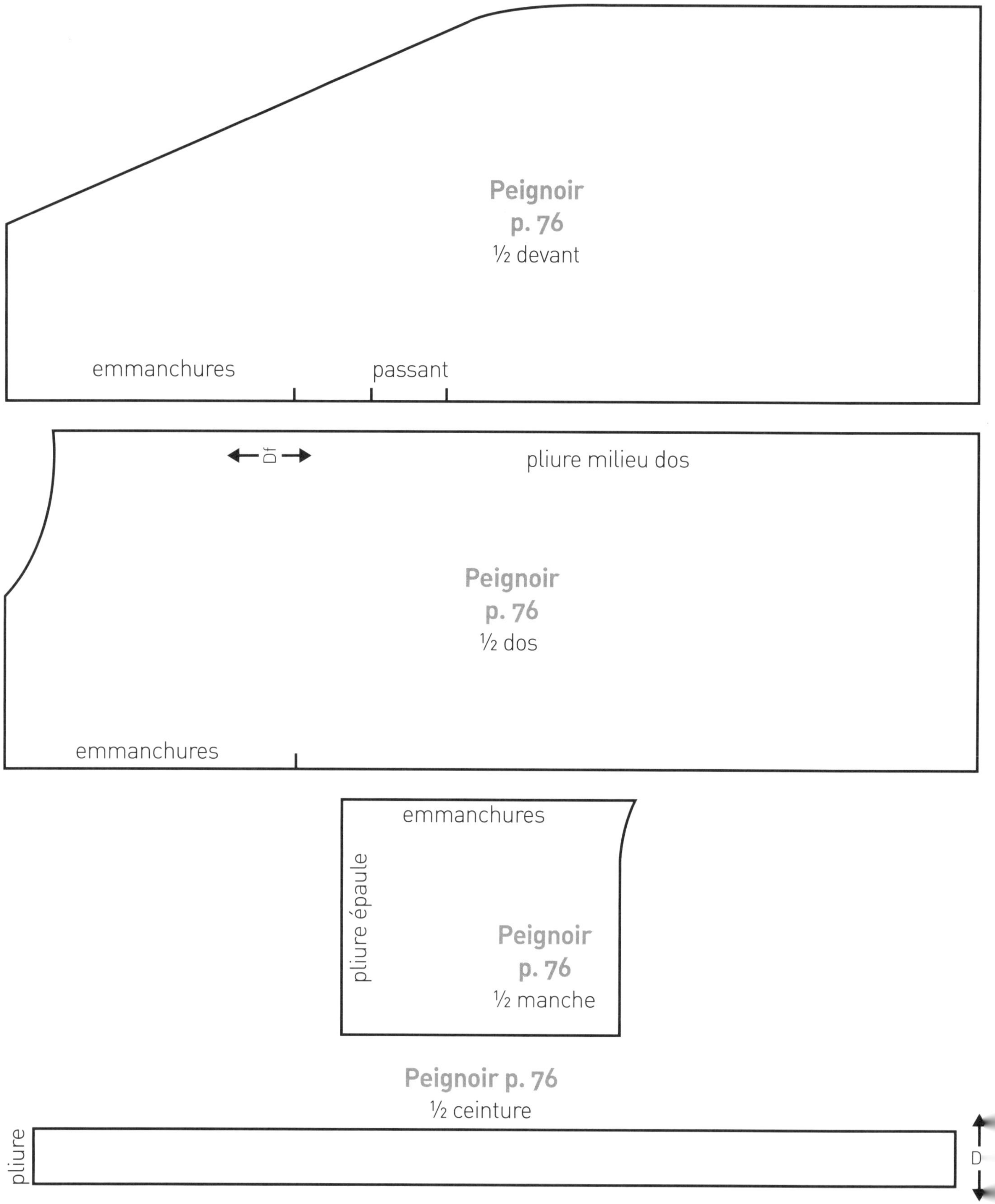
Peignoir
p. 76
½ devant
emmanchures
passant
Df
pliure milieu dos
Peignoir
p. 76
½ dos
emmanchures
emmanchures
pliure épaule
Peignoir
p. 76
½ manche
Peignoir p. 76
½ ceinture
pliure
D

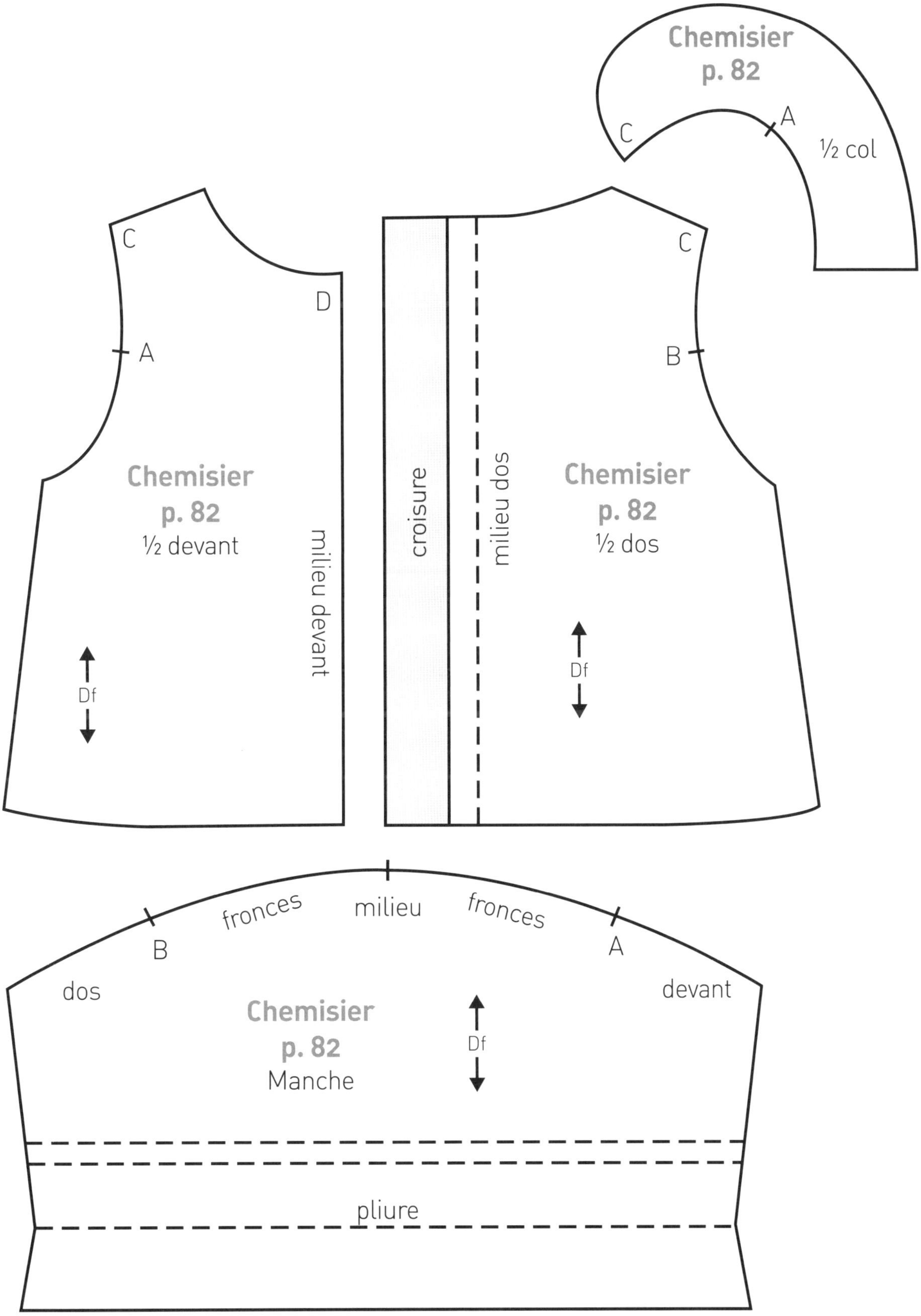
Chemisier
p. 82
½ col
C
A
Chemisier
p. 82
½ devant
C
D
A
milieu devant
Df
croisure
milieu dos
Chemisier
p. 82
½ dos
C
B
Df
fronces
milieu
fronces
B
A
dos
devant
Chemisier
p. 82
Manche
Df
pliure

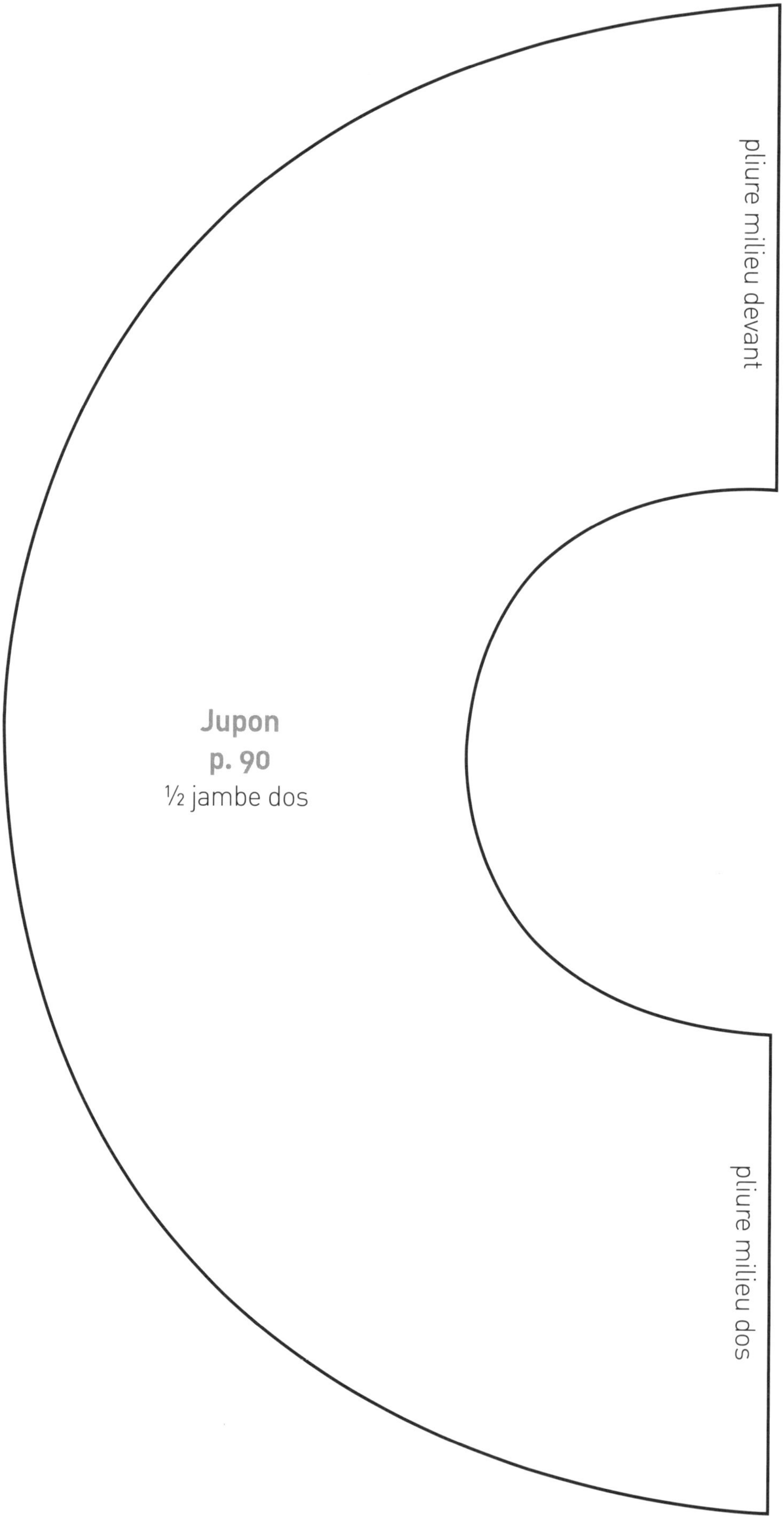
pliure milieu devant
Jupon
p. 90
½ jambe dos
pliure milieu dos

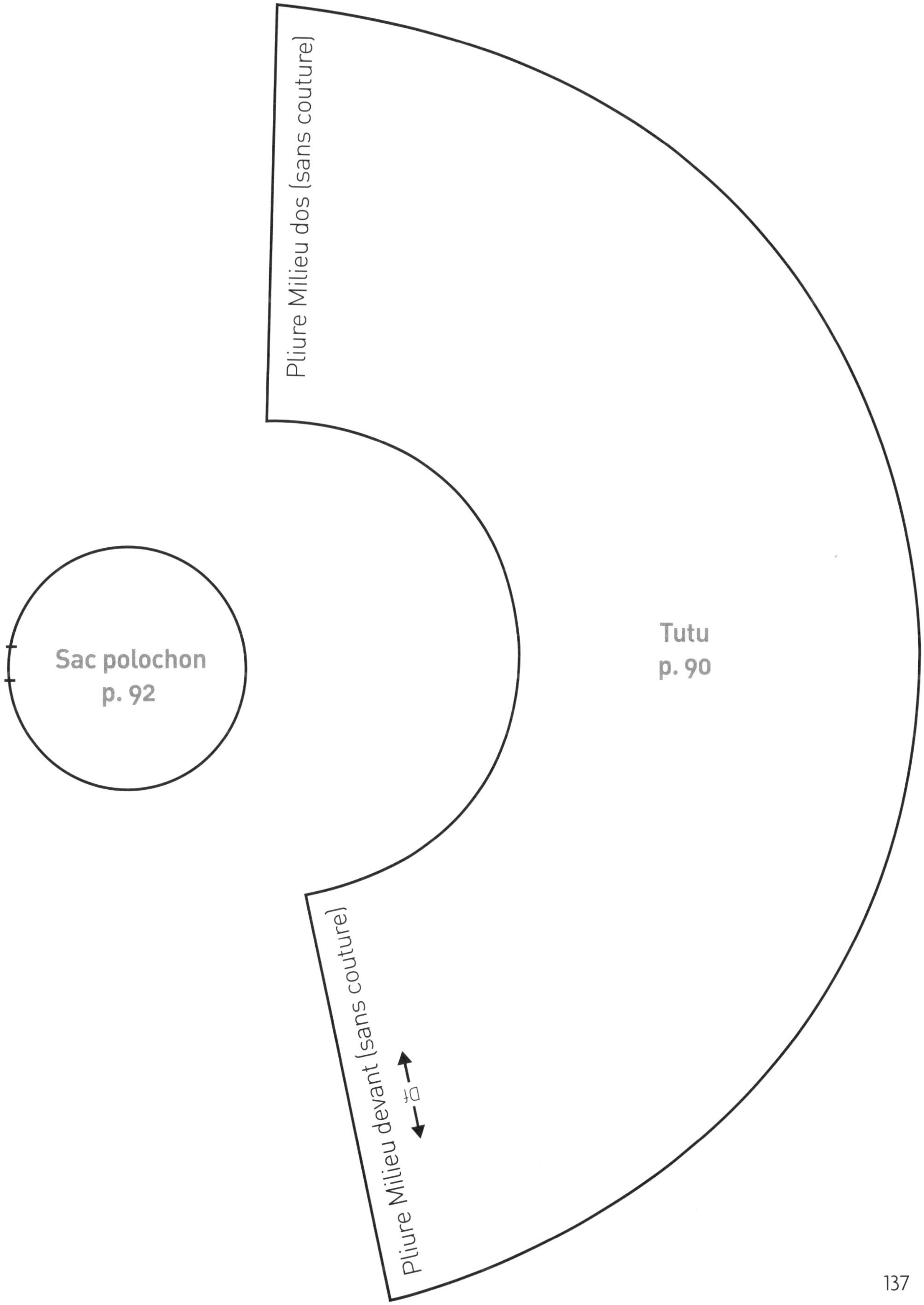
Pliure Milieu dos (sans couture)
Sac polochon
p. 92
Tutu
p. 90
Df
Pliure Milieu devant (sans couture)

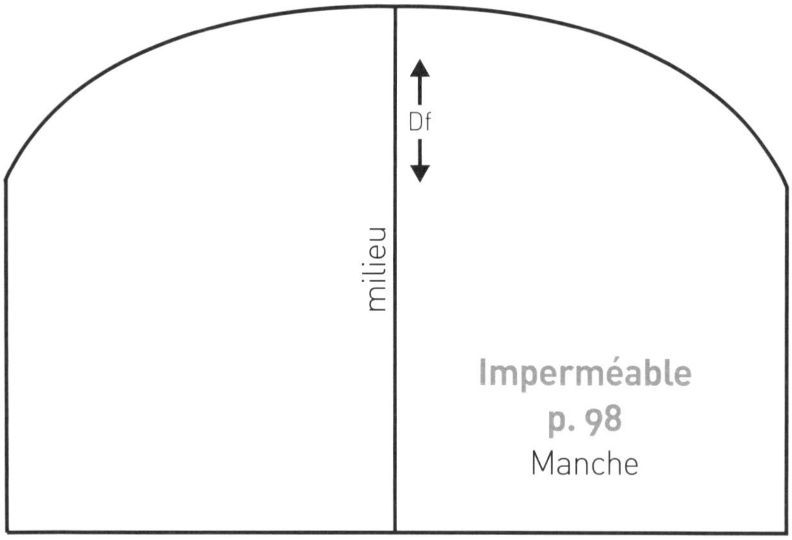
Df
milieu
Imperméable
p. 98
Manche

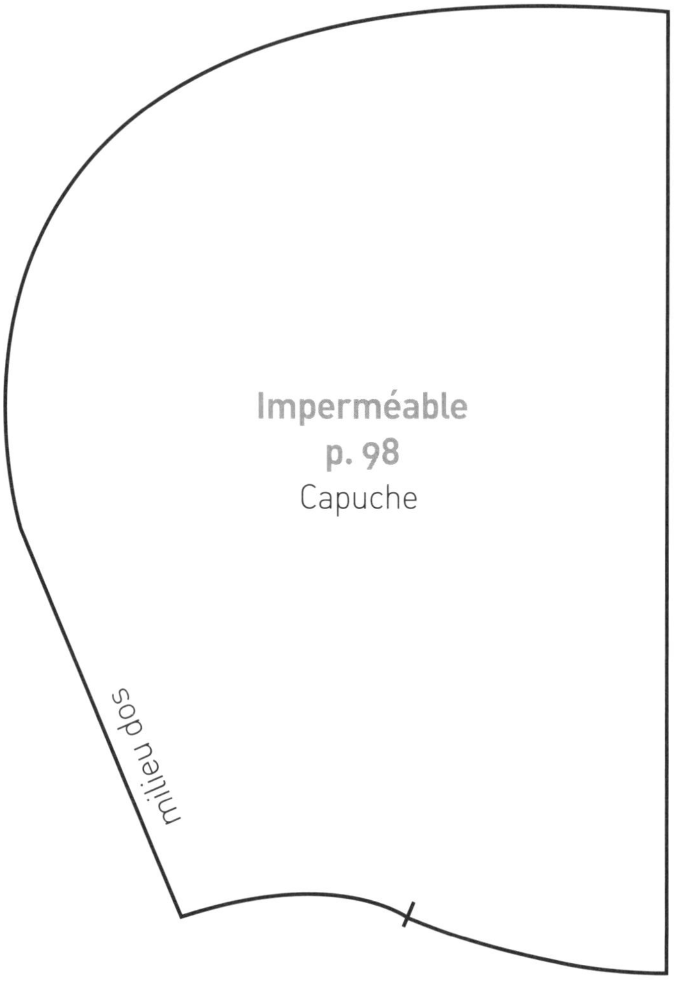
Imperméable
p. 98
Capuche
milieu dos

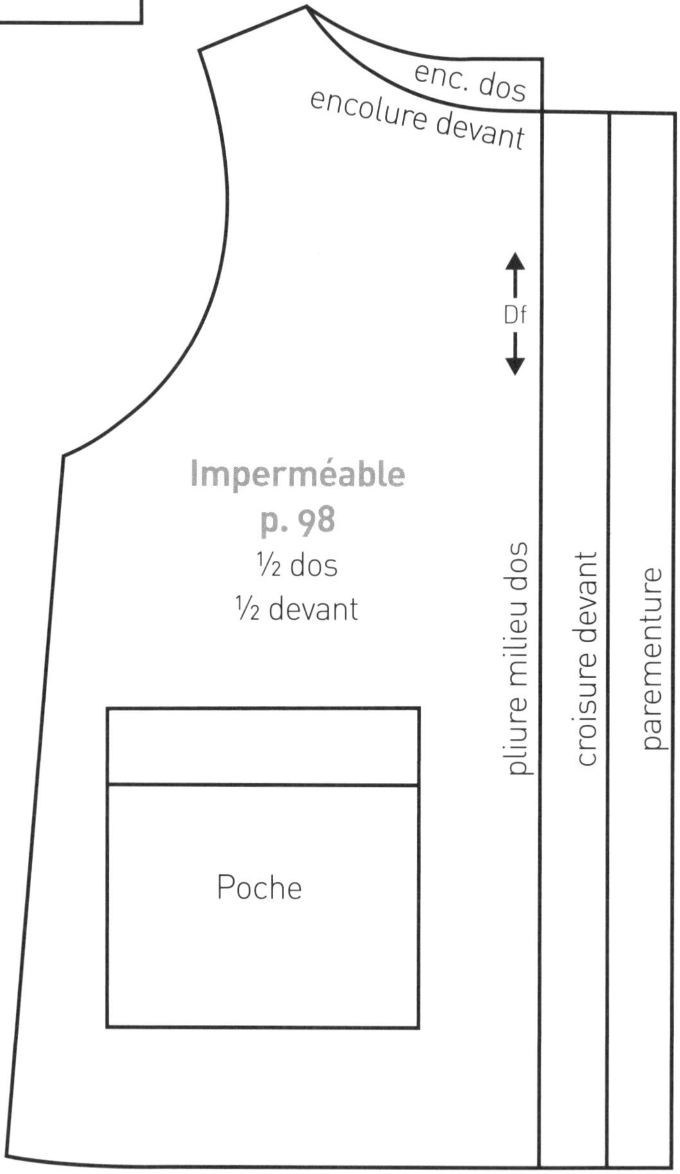
enc. dos
encolure devant
Df
Imperméable
p. 98
½ dos
½ devant
pliure milieu dos
croisure devant
parementure
Poche

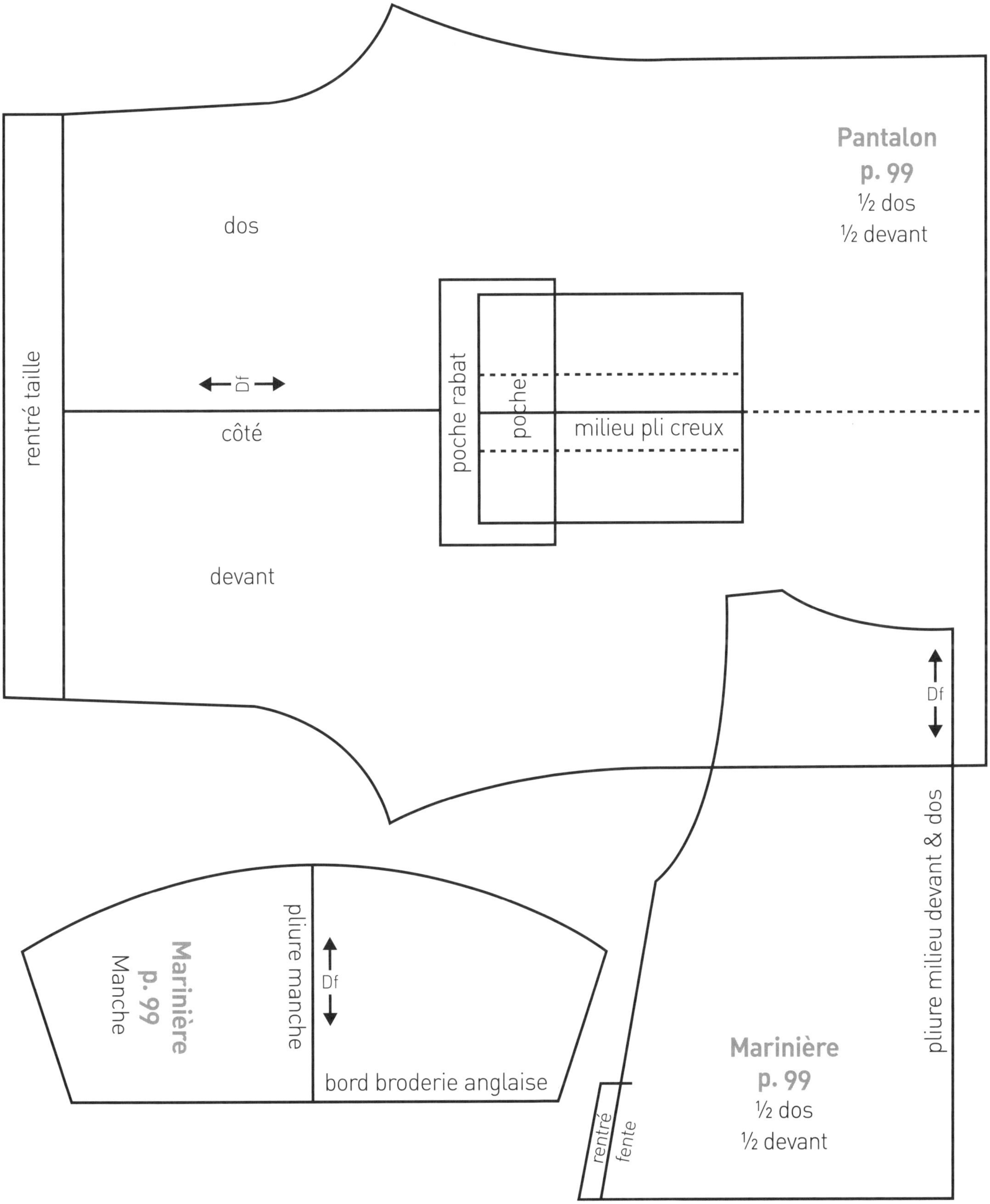
Pantalon
p. 99
½ dos
½ devant
dos
rentré taille
Df
côté
devant
poche rabat
poche
milieu pli creux
Df
pliure milieu devant & dos
Marinière
p. 99
½ dos
½ devant
rentré
fente
Marinière
p. 99
Manche
pliure manche
Df
bord broderie anglaise

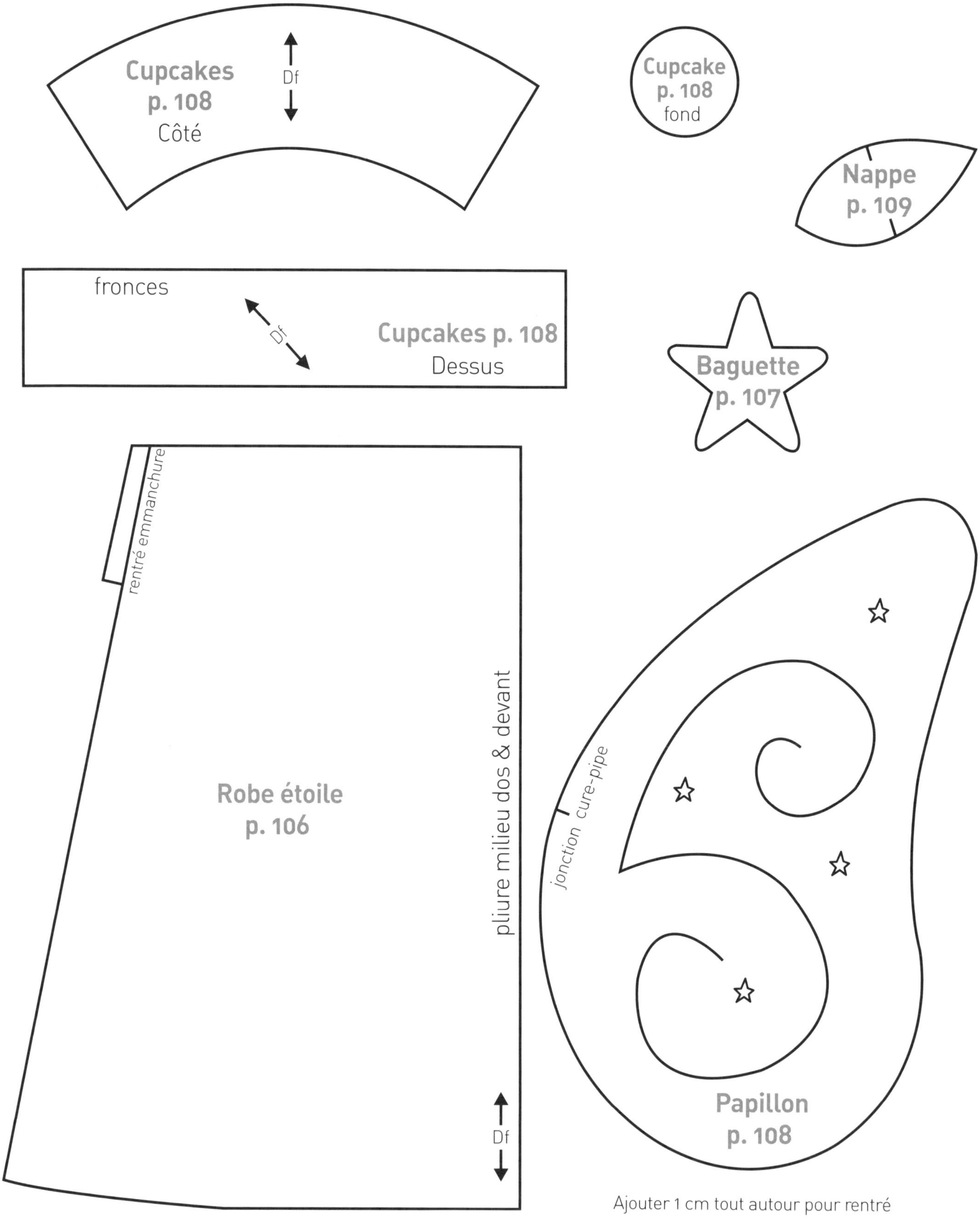

Ajouter 1 cm tout autour pour rentré

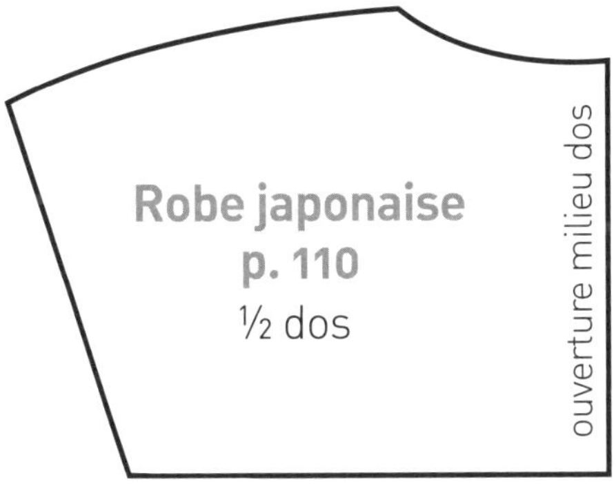
Robe japonaise
p. 110
½ dos
ouverture milieu dos

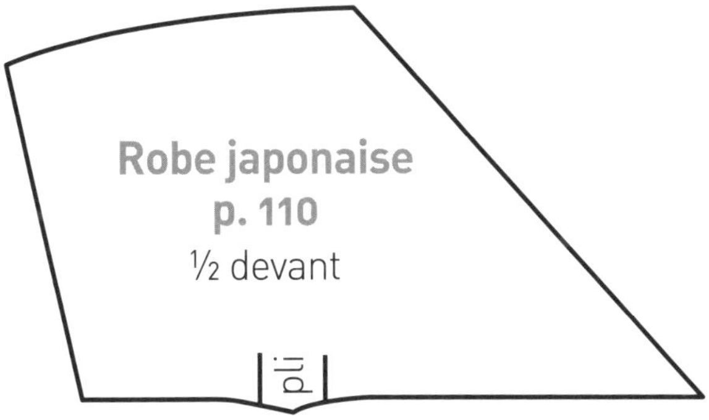
Robe japonaise
p. 110
½ devant
pli

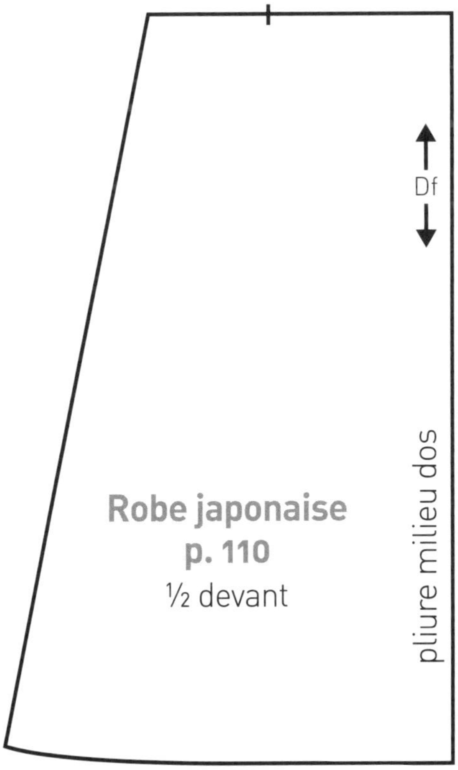
Df
Robe japonaise
p. 110
½ devant
pliure milieu dos

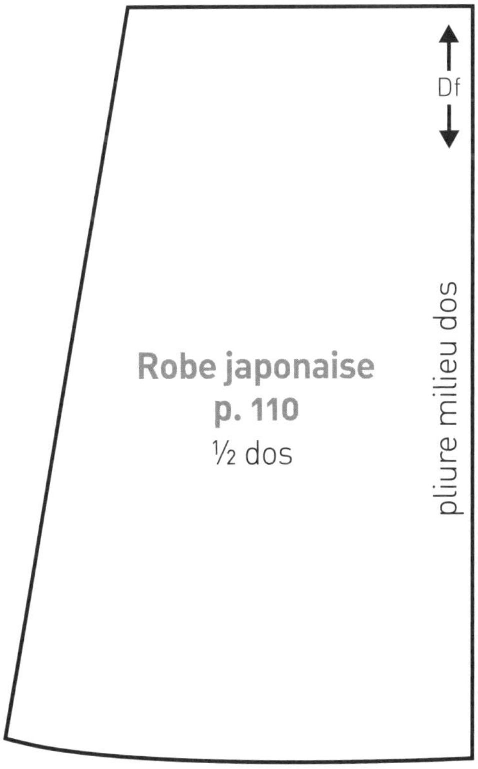
Df
Robe japonaise
p. 110
½ dos
pliure milieu dos

CARNET D'ADRESSES

La droguerie
Rubans, dentelles et autres accessoires
www.ladroguerie.com

Bouts de tissus
www.boutsdetissusrueil.fr
Tissus

Entrée des fournisseurs
Rubans, dentelles et autres accessoires
www.entreedesfournisseurs.fr

Mokuba
www.mokuba.fr
Rabnas, galons et dentelles

France Duval-Stalla
tissus
www.franceduvalstalla.com

Marie et Gustave
tissus
www.marieetgustave.com

Ki-sign création
Strass et velours thermocollant
www.ki-sign.com

à Pierre, mon frère,
mon héros qui nous quitte trop tôt...
à Elie, Noé, Cécile et la petite Lily.

REMERCIEMENTS

à Lisa, John, Nicolas, mes parents, ma sœur Véro et toute ma grande famille...

à France Duval-Stalla, Corinne de la Droguerie, Chantal de Marie et Gustave, Lisa de L'entrée des fournisseurs, Édith de Ki-Sign, Dominique de Bouts de Tissus, Nathalie d'Indémodable, Mokuba pour leur générosité, confiance et enthousiasme pour mes poupées !

à Sandrine, Magali, Anne, mes fidèles Christine et Katia ainsi que mes élèves pour leur aide et encouragements,

à Pascale, Dominique, Frédéric, Sonia et Vania, sans oublier Nina, une merveilleuse équipe qui a si joliment mis en scène l'univers tendre et poétique de l'enfance.

Édité par Hachette Livre (43, quai de Grenelle, Paris Cedex 15)

Imprimé en Espagne par Estella Graficas
Dépôt légal : septembre 2013
ISBN : 978-2-501-08699-8
41-3123-1

Mise en pages : Frédéric Voisin
Texte et adaptation : Dominique Montembault